USA DAYS

SHINSUKE NAKAMURA

east press

TANGERINE
PINEAPPLE
DON'S AUTOTEK

OPENING SALE!
79¢
FLAVOR!
DON'S
AUTOTEK

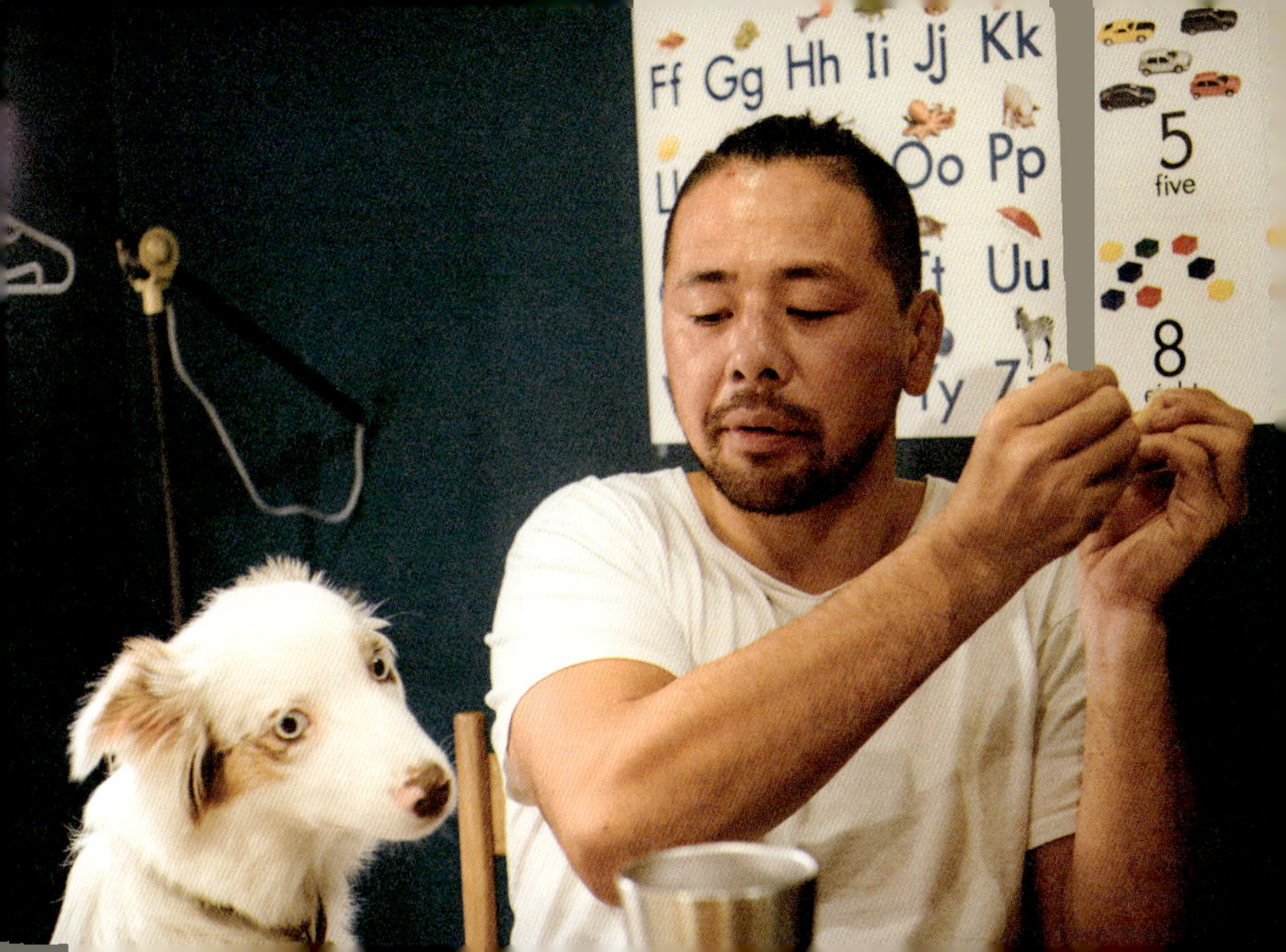
Ff Gg Hh Ii Jj Kk
Oo Pp
Uu
5
five
8

2016

新たなる刺激を求めて。

はじめに――〝これが普通だパワー〟

人生って、望むと望まざるとにかかわらず、自らを取り巻く環境や状況というものは常に変化し続けるものだと思うんですね。

僕は今37歳ですけど、おそらく、それって死ぬまでずっとそうなんじゃないでしょうか。その変化というものに対して、自分がいかに対峙することができるか。容易に順応できる人もいれば、なかなか対応できずに苦しんだり悩んだりする人もいるかもしれません。

僕は現在、アメリカのＷＷＥというプロレス団体に所属をしているわけですが、２０１６年１月にそれまで13年間在籍していた新日本プロレスを離れ、住まいもフロリダ州オーランドに移すという大きな変化がありました。

もともと、世界中のいろんな国を旅してまわることが大好きだったんですけど、異国の地にどっしりと腰を落ち着けて生活をするのは今回がはじめてのことでした。

「さすがにちょっと不安なんじゃないの？」

渡米前は友人たちからこんな言葉をかけられたこともありますけども、申し訳ないけど不安はまったくなかったんですよね。

なぜなら僕は、こんな時はいつも決まって「これが普通なんだよ」と考えるようにしているからです。自分に言い聞かせていると言ってもいいですね。

人生とは常に変化し続けていくものだから。

変化をすることが当たり前なのだから。

自分が求めていなくても変わり続けていくものが人生であるならば、自ら望む方向へと変化を求めてしまうのも人生。

そうなったら、その環境に自分が「慣れる」とか「慣れない」なんてのは問題じゃなくなるんです。「人生において、こうやって変化をすることは、いたって普通のことなんだ」と思うことができたなら、自然と対応することができると思うんですよ。

僕はこれを〝これが普通だパワー〟と呼んでるんですけど（笑）。

WWEへと移籍をして、最初の1年間はNXTという「WWE第3のブランド」と言われているリングを主戦場としていたわけですけど、今はメインロースターのスマックダウンというところで試合をしています。すると、それまでとは一気に活動形態が変わって、アメリカ国外で試合をすることも増えたんですね。

先日もカリフォルニアで試合をして、そのままヨーロッパへと飛んで、グラスゴー、スコットランド、イングランド、スペイン、またイングランド、スウェーデン、デンマークと転戦してきたところです。国境を越えまくっての怒涛の11連戦。

そこで身体の疲労を感じていなくもないですけど、マインドは〝これが普通だパワー〟で大丈夫。だって、WWEではこれが〝普通〟なんだから（笑）。

アメリカ国外で試合をする時は、だいたい午前中に練習をしたあとに2、3時間くらい現地を散策してみたりするんです。それが手にすることのできるわずかな自由時間なんですけど、さすがにそれくらいの時間じゃその土地の街並みや景色を満喫するまでにはいたらないんです。だけど、べつに遊びに行ってるわけじゃないから、こんなスタイルも悪くはない。

新日本プロレスにいた頃だって一年中、日本全国をツアーしていたわけで、今はちょっとだけそのエリアが広くなったというだけのこと。旅をして、試合をして、また旅をするっていうプロレスラーとしての基本的な活動スタイルは一緒なんですよ。もちろん、細部での違いはあって、日本ではもっぱら移動手段がバスで、たまに新幹線という感じでしたけど、WWEは飛行機移動だから移動時間だけを考えたら、どっこいどっこいじゃないでしょうか。飛行機なら1時間の距離を日本は10時間ほどかけてバスで移動しているけど、今は逆に日本国内の移動よりも距離が長いぶん、飛行機によって時間を短縮させているようなもんですからね。

人生とは旅であり、僕は旅をすることが仕事でもある。

そもそも少年時代、僕がプロレスラーに憧れたのは、腕っぷしの強さだけじゃなくて精神的な強さを手に入れたかったから。そして、試合をしながら世界中を旅することができそうだったから。

僕は今、その夢を叶えている真っ最中にあると言えると思います。

そんなドンピシャで夢を叶えている人生だから、もしかしたら「普通じゃねーよ」と言われてしまったらそれまでなんですけど……（笑）。

でもね、〝これが普通だパワー〟って、語尾にパワーってついているくらいだから、もちろんそれなりの馬力も要するわけなんですよね。

本書は、僕が闘いの舞台をアメリカＷＷＥに移してからの５００日間、さまざまな変化と対峙してきた〝普通の記録〟です。

中邑真輔

CONTENTS

SHINSUKE NAKAMURA USA DAYS

CONTENTS

年齢やキャリアは関係ない
最後はレスラーの力量
アメリカのプロレスファン気質

#05 アメリカでの日常 PART2

英語は伝わればOK
お風呂問題
車選びは慎重に
ヘアースタイルをいかにキープするか
日本のスナックが恋しい
絵が好きなのは血筋
犬を飼っている

CONTENTS

※本書に記載された見解・表現は著者によるものであり、WWEはいかなる責任も負いません。また、それらはWWEの立場を代表するものではありません。

#01

ありがとう、新日本プロレス

頭の片隅にあったWWE

２００５年に新日本プロレスがイタリア遠征をしたんですよね。

その時、行ったはいいけど、現地の人がほとんど新日本プロレスのことをよく知らなかったんです。テレビの録画放送を観てタイガーマスクというレスラーがいたのは知っているけど、新日本プロレス自体のことはよくわからないなっていう感じで。

そういうイタリア人のお客さんの前で試合をした時に、とにかくマスクマンの持つキャッチーさに愕然としたんですよ。どのレスラーのこともほぼ知られていないなかで、獣神サンダー・ライガーさんやウルティモ・ドラゴンさんへの声援がものすごかったんです。

あのウケ方を目の当たりにして、「これはどうやったって勝てねえな」と思ったんです。いくら日本国内でヒューヒュー言われていようが、「誰だよ、中邑？」「誰だよ、棚橋？」っていうところなんですよね。

その瞬間のお客さんっていうのは、プロレスの歴史や時系列なんかは知らないわけで、ただ目の前で起こっていることを楽しみたいだけなんですよ。そこで、マスクマンが持つ強烈なキャラクター性だったり、「いきなり世界中のどこに行っても通用するプロレスというものがある」ということを意識しはじめたことが、イコール〝世界に通用するレスラー像〟を意識しはじめたきっかけでしょうね。

そういえば、こんなことがありました。

2003年か、2004年かな。当時、ロサンゼルスにあった新日本の道場、通称・LA道場というところで単身トレーニングをしていた時のことですが、風の噂で「WWEが日本人選手を探しているらしい」っていう情報を耳にしたんです。「こんな話がある。もしも興味があるのならば、ここにビデオを送ってみてくれ」みたいな話を聞いて、その送り先の住所がコネチカット州スタンフォードにあるWWE本社だったんですよ。

その時、「あっ、アメリカではそうやって自分のプロモーションビデオを作って売り込むという方法もあるんだな」ということを知ったんです。日本では、入門テストに合格してその団体の所属となり、叩き上げでキャリアを積み上げていくというのが普通のスタイルだから、どこかで活動をしながら自ら意中の団体に売り込んでいくという手法もあるんだなと思って。それで、僕はその時に自分のプロモーションビデオを作ったんですよ。今回、アメリカ行きが決定して自宅で引っ越し作業をしている時に、そのビデオテープがたまたま出てきたんです。「あー!」と思って(笑)。結局、そのテープはWWEに送ってはいないはずですけど、きっとあの頃から多少は潜在意識として「WWE」というのが頭の片隅にあったんだなーと思って、なんだか感慨深い気持ちになりましたよね。渡せなかったラブレターじゃないですが。べつに本気で求愛をしていたわけではないので、ラブレターとはちょっと違いますけど(笑)。ラブレターを渡して求愛をするという手法があることを知ったから、自分もちょろっと書いてみましたっていう感じですよね。

それとLA道場にいた時は、目ぼしい選手がいないかということで、たまにWWEの副社長をしていたジョニー・エースが顔を出したりもしてましたね。僕らもスマックダウンが来た時なんかは、みんなでサンディエゴまで観に行ったりして。そこでバックステージに顔を出したりもしましたけど、その頃はやっぱりそこまで現実的な興味があったわけではなかったですね。

だけどすごい話があってね、2006年にアメリカにいた時に、ラスベガスでフロイド・

メイウェザーとザブ・ジュダーのボクシングのタイトルマッチを観に行ったことがあるんですよ。それは知り合いの、もう亡くなられてしまったんですけど、日本人の偉いお医者さんがいて、「真輔、お前もちょっと顔を出せ」ということで一緒にロサンゼルスからラスベガスに飛んで観に行ったんですよね。しかも超VIP席で観たんですけど、そこにビンス・マクマホンが夫人と一緒に来てたんですよ。

当時の僕は、若くてバカで真面目だから、そこで普通のプロレス業界の慣習に倣ってビンスに挨拶に行ってしまったんですね。それってとんでもないことで、たとえるならどこかの無名のインディーレスラーがアントニオ猪木に挨拶に行くようなものですよ。普通なら「なんだよ。誰だよ?」ってなる話なんですけど、でもビンスはその時、「隣にいるのは私の妻のリンダだ」っていうようなとても丁寧な対応をしてくれたんですよね。当時は僕もめっちゃ身体がでかくて、ちょっとだけ存在感があったからなのかどうかわからないですけど。

この時の話を、いつビンスにしようかなーと思ってるんですけどね（笑）。

フィン・ベイラーの存在

どんどん思い出すんですけど、デヴィちゃん（プリンス・デヴィット＝フィン・ベイラー）の存在も大きかったのかな？

デヴィちゃんはLA道場を経由して、2006年に新日本に正式入団を果たしたわけですけど、彼がホームシックにかかった時なんかは、けっこう僕の自宅に呼んで一緒にメシを食ったりとかしていたんですよ。

当時のデヴィちゃんはまだビールが飲めなくて、「なんだったら飲めるの？」って聞いたら「アップルサイダーだったら飲める」って言うから、僕が酒屋を探し回ってストロングボウっていうアイルランドのアップルサイダーを箱買いしてきてやったりしてね。ちょっとでも楽しい時間を過ごしてほしいなーって思って。我が家にはデヴィちゃんとチャド（カール・アンダーソン）なんかも呼んで一緒にわいわい酒を飲んだりしてましたね。

デヴィちゃんはけっこう悩んでいたんです。というのは、彼はあれだけの才能を持っているから、ずっとＷＷＥから誘われ続けていたんですよね。だけど、彼はその誘いを何年も断り続けていた。

やっぱり、当時の新日本の台所事情的に、外国人レスラーに対してはちょっと厳しい契約内容だったんだと思うんです。それはまだ本人がそこまで売れていないからという理由もあったんでしょうけど、そこが改善されるまでの期間というのがわりと長くて、べつにプロだから即お金につなげるという生々しい話ではなく、新日本の条件も悪くはないし情もあるけれど、やっぱり年齢のことや人生のチャレンジ。それで彼はどうしようかずっと悩んでいたんです。

じつは僕はそのたびにデヴィちゃんから相談を受けていたんですよね。その時、僕はなんて答えてたのかな？　やっぱりデヴィちゃんはアイリッシュだから、ヨーロッパ人独特のちょっとナイーブな一面を持っているんですね。新日本としては彼にいなくなってもらったら困るわけだから、「もうちょっと、もうちょっと」と一生懸命慰留をしていたわけですけど、新日本とＷＷＥの狭間で揺れる気持ちっていうのかな。だから、相談というよりもそんな気持ちを誰かに聞いてほしかったんだと思いますね。

そして最終的には新日本も、それまでの貢献度も尊重しつつ、「まだ若いんだし、行かせてやろうよ」という判断をするにいたって、2014年に彼を温かく送り出したんです。デヴィちゃんとの関係が深かった僕は、たぶん彼が新日本を辞めることを一番最初に知っていたんじゃないかな？

そんなデヴィちゃんから、逆に「WWEに興味はないの？」って聞かれたことがあって、「えっ、俺の気持ちはどうなんだろう？」と一瞬考えたりとか。うん、そんなことがありましたね。

震災で〝死〟について真剣に考えた

自分自身の話をすると、中邑真輔というプロレスラーを形成していく過程で、2008年にヒールとなり、そこでようやく深い意味でのプロレスの楽しさを感じはじめたんですよね。

要するに、プロレスをやっている人間でも、ある程度のステージにまで到達しないと理解することができない領域の部分、それを理解することができはじめていたんです。そこからはもう、周りの評価や批判などは脇へ置いておいて、自分自身が納得する、できる限り丁寧な仕事をするということを心がけていて。

そして2011年3月11日に、東日本大震災が起きてしまった。

あの日、日本が文字通り大激震に見舞われたわけですけど、あの出来事というのは本当に何だろう……けっして大げさではなく、真剣に〝死〟について考えさせられるようになったというか。

死について考えると同時に、「生きるってなんだろう?」ということについても考え、感じましたよね。もちろん、過去にもそういったことを考える時期がなかったわけではないですけども、本当の意味で「このままじゃ駄目だ!」「自分を変えたい!」「変わりたい!」と思ったのはあの時がはじめてなんですね。

そういう思いを持って、その年の5月にメキシコへと旅立ったんです。その時、自分自身の中で「プロレスラーとしての下地はもうできただろう」という気持ちもありました。

人生は一度きり。これからはやりたいようにやる。

それまでは、「これはちょっとカッコ悪いかな」と少しでも思ったら、「じゃあ、やらない」ということを選択したりとか、「これって人からなんて言われるかわからないからどうしよう？」と考えたりしていたこと自体が、なんともったいないことなんだろうと感じるようになりましたよね。

だって明日死ぬかもしれないんですよ？　そこのリアルな部分を本気で大真面目に考えるようになったんです。とくにメキシコに行ってからは考える時間もたくさんありましたから。

そうして、その2011年のメキシコ遠征が、今の中邑真輔というキャラクターの原型を作ることとなったんです。

フィラデルフィアでの体験

2015年8月22日、WWEがニューヨークで『NXTテイクオーバー：ブルックリン』を開催したんですよね。

NXTが本拠地フロリダ州ウインターパークのフルセイル大学を飛び出して、いよいよアメリカ国内ツアーをはじめた一発目のビッグマッチだったんですけど、そのテイクオーバーは同じくブルックリンで開催される『サマースラム2015』の2日前に行われたんです。その第1試合に世界的なレジェンドである獣神サンダー・ライガーさんが新日本所属でありながら出場を果たしたんですよ。

その頃、自分で言うのもなんですけど、中邑真輔はちょっと強烈な光を放ちはじめていたというか。たとえばIWGPインターコンチネンタルの防衛戦で、数々の外国人選手を相手に、勝ち負けではない意味での〝結果〟を出し続けていたんです。それは外国人選手相手だけではなく、それまで誰も料理をすることが叶わなかった桜庭（和志）さんっていう格闘技界においては人間国宝のような人を相手にしても、ものすごい料理に仕立てあげることができて、「どうだ！」っていうような（笑）。あのあたりの一連の活動が日本国内のみならず、世界中に発信、拡散されているという実感を得はじめた時期なんですよ。

会社からの無理難題、そこには「叶えてくれたら嬉しいな」みたいな希望的観測も含まれているお題に対して、僕はできる限りの形にして結果を出していました。桜庭戦しかり、飯伏幸太戦しかり。それが欧米のコアなプロレスファンに届いたんですよね。

そうして僕が一番、「うわっ」と思ったのが、2015年5月にペンシルバニア州フィラデルフィアでやった新日本とROHの合同興行なんですよ。元ECWアリーナ（2300アリーナ）で2日間やった興行です。

初日はオカダ（・カズチカ）とのタッグで試合をして、2日目に4WAYマッチでライガーさんと試合をやったんですけど、あの時、入場の時点で自分に対する声援がライガーさんへのそれを超えたということを肌で実感したんです。その瞬間、「あっ！」と思ったんですよ。そして自分の中で「あっ、もうこれは……」っていう気持ちが芽生えたんです。

非常にそわそわしはじめたんですよ。おそらく、それまでもすでに熱湯状態ではあったんでしょうけど、98度、99度まではいくら熱くても見た目にはわからないわけですよ。100度になった瞬間にはじめてボコボコと目に見えて沸騰をするので、そこでようやく気づくというか。

そうして、そわそわすると同時に、なんか「もったいない」という感情が生まれたんですよね。要するに「もっともっと世界が見たいな」という気持ちが出てきたんです。

実際、2014年あたりから海外からのオファーがものすごく増えてきてはいたんですよ。それは公式に新日本にくるものもあれば、個人的に、たとえばSNSを通じて「スケジュールを教えてほしい」というものであったりとか。

ところが、5月のフィラデルフィアで「超えた」と思っていたのに、8月にまたライガーさんに先を行かれるわけですよ（笑）。「ライガーさん、すごい！テイクオーバーに出てるし！」と思って。ライガーさん以外の新日本の選手は、同時期にまたROHで、ニューヨークの南のほうにあるコニー・アイランドのMCU球場というところで、球場の半分のスペースを使って試合をしていたんですよ。

ライガーさん恐るべし、新日本所属でいながらWWE登場なんていうありえない歴史を作っちゃったよ、と。とんでもないイレギュラーを達成したなと思いましたね。

WWE行きを決意した

とにかく、あの時のフィラデルフィアでの体験はとてつもなく大きかったですね。「もうこれは」っていう。

ただ、自分がそういう感情に見舞われたのは、2012年にブシロードがユークスから新日本の経営権を買い取ってくれたからというのもあったんでしょうね。だから、僕もプロレスラーとして吹っ切れたという部分があったと思います。

つまり、自分はスーパールーキーとしてデビューをして、新日本プロレスの救世主ということでね、何かあるたびに〝困った時の中邑真輔〟だったわけじゃないですか。そこで役割を果たすことが自分の責任でもあり、義務でもあると思っていたんですよ。

団体全体としては、2010年頃になりますけど、棚橋弘至、真壁刀義、第三世代ら選手と社員一同が、経営危機から脱するためにみんなが同じ方向を向き、ひたすら素晴らしい試合を積み重ねることで、出口の見えなかったトンネルから抜け出ようとしていた。そんな時、2012年にブシロードがユークスから株を買い上げたと。そこで、僕は自分で勝手に義務的に思っていたこと、自分の使命であると考えていたものから解放されたという感覚になれたんですよね。要するに「ついにトンネルの出口に来た」っていうことで。

そもそも、ユークスと新日本が二人三脚で懇意にしている真っ只中においては、自分と棚橋さんぐらいしか矢面に立つ選手がいなかったわけですよ。僕もユークスの谷口行規社長と直接会って話をしたり、こちらの誠意というものを伝えたりしていましたから、なにかしら自分で責任を感じていたという部分では、ちっぽけな話なんですけど、自分自身の行動を制限していた部分があったと思うんです。

だって、当時はとにかく会社の地盤がしっかりしていなかったから、組織の一員としてがんばるしかなかったんですよね。

しかし、その意識が〝個〟というものに向きはじめたというのは、やっぱりさっきも言いましたけど、本当の意味でプロレスというものがわかってきた、プロレスラーとして完成しつつあったという側面が大きかったでしょうね。組織がよくなってくることと、自分がプロレスラーとして成熟していくことが同時進行で訪れたというのは、偶然や奇跡とかではなく、そこは合致して当然なんだろうなと思いますけど。

そして、それまで僕がやってきたこと、周りの誰もがまわり道だと思っていたことが、新日本を退団する2016年1月までにすべてリング上で昇華されていく、実を結んでいくわけですよ。

たとえば、2013年1・4東京ドームでの桜庭さんとの試合にしても、自分のそれまでの格闘技経験があったからこそ、説得力を失わない攻防を繰り広げることができたと思うし、あるいはファン投票によってインターコンチネンタル戦がIWGPヘビー戦を押しのけて2014年1・4東京ドームのメインを張った。それなんていうのは、かつて僕が棚橋戦（2009年11月8日・両国）のあとに言い放った、「猪木を超える。過去と闘ってなにが悪い」っていうものとの決着だったわけですよね。あれはつまり、「IWGPよりも上に行く」という表明だったわけですから。

そうしていろんな要因が絡み合いながら、僕は心の中で、WWE行きを決意したんです。

2015年から2016年にかけての対戦相手というのは、〝中邑真輔・思い出のオールスターズ〟ですよね。期せずして、同期だったり、ライバルだったり、盟友との対戦が組まれまくったんです。

1・4東京ドームの飯伏戦からはじまり、G1のファイナルでオカダと棚橋さんと連戦をやり、カール・アンダーソン、後藤洋央紀、田口隆祐とも闘った。あの1年間で〝さよならツアー〟をしていたようなもんでしたね。そこは完全に偶然と奇跡で、自分が意図した部分は10パーセントにも満たなかったです。あとは奇跡が90パーセント。自分の中でも「この展開は神がかってるな……」と思いましたからね。

菅林さんとの関係

新日本を退団するにあたり、やっぱりウェットになる部分というのは間違いなくありましたよ。正直にお話しをすると、とくに会長の菅林（直樹）さんに対してあったと思います。

僕と菅林さんは、本当につきあいが長いというか、だからと言って腹を割って話をしてきたわけじゃないんですよ。どう考えても。僕がいくら腹を割ったとしても、菅林さんのほうが絶対に腹を割らないだろうし、むしろ会社の大先輩に対して腹を割って話をしちゃうっていう行為自体が失礼だと思うんだけど、僕はしちゃってたんですよね。

いくら若いから許されると思っていても、もう30も超えてっていうところでそれはやっぱり失礼だったと思いますね。それでも、僕の中では「ずっと一緒にがんばってきましたよね」っていう部分があったから、退団をするときは菅林さんとのそういう関係が壊れることだけがすごく心配だったんですよ。

だから、契約を更新しませんっていう時、僕は最初に菅林さんに直接言うことができなかったんです。そこで、まずはほかの方に退団の意思を伝えたわけですけど、その方ものすごく熱い方でね、「わかった。辞めちゃうのは嫌だけど、若者の夢は叶えてあげたい」みたいに言ってくれたんです。そして、「じゃあ、菅林さんには俺から言ってあげるから」って。

僕の口から言うのもなんですけど、菅林さんの無念さっていうのはあったと思うんです。そこは僕もウェットにならざるをえなかった部分です。「菅林さんは中邑のことを一番信頼していたんだよ」っていう話も聞きました。

新日本に退団の意思を告げたのは、2015年の12月以前でした。契約更改の日が12月24日のクリスマスイブで、菅林さんに直接会ってお話しすることができたのはその時です。それで年明けの1・4でAJスタイルズと試合をして勝ち、試合後に「これから自分のさらなる高みのステージを目指して生きていきたい」と発言したわけですけど、翌日の5日あたりから「中邑、WWE入り」というニュースが海外のサイトから流れはじめたんですよね。

新日本としては1月12日に公式サイト上で正式に僕の退団を発表したわけですけど、そこでタイムラグが生じたのは、新日本がいろんな混乱を招かないようにと最善のタイミングを考えてくれたってことですよね。その時、僕はプライベートでスリランカに旅行に行っていて、帰国をしたのが16日なので日本にはいなかったんですよ。そのスリランカ旅行は半年ぐらい前から計画をしていたことだから、まったく何の思惑もなかったものです。雲隠れをする必要もないですから（笑）。

スリランカから帰国して、翌日の17日から『CMLLファンタスティカマニア』が開幕して、当時、「中邑真輔らしく、最後まで駆け抜けます」と言いましたけど、本当に通常通り全国を回って、いつも通りの試合をするということが、中邑真輔らしいことだと思ったんです。

「さよなら」とは言わない

そして2016年1月30日、後楽園ホールで壮行試合を組んでいただいたわけですけど。もちろん、最後も中邑真輔らしくやり遂げて、ノスタルジックな試合、空間にしようなんて気はさらさらありませんでした。だけど、あの日の後楽園のファンたちのとてつもない声援だったり、6人タッグのパートナーだったCHAOSのオカダと石井（智宏）さんが僕がリングに入る時、ふたりでロープ上げをして迎え入れてくれた時にグッときてしまったんですね。というか、控え室でスタンバってた時点からオカダなんかはいつになくそわそわしていて、「マズイな。勘弁してくれよ……」と思ってたんですけどね（笑）。

ただ、いざ試合がはじまったら、僕も集中力が出てくるので、感傷的な思いはいつの間にかどこかへとすっ飛んでいました。なのに、また棚橋さんが「中邑、向こうに行ってもがんばってこいよ！」とか言って、僕の顔面に張り手を入れてくるわけですよ（笑）。

試合後、ファンのみんなには「ありがとう」と言いました。「さよなら」ではないなと思っていたので、「物語はずっと続いていくから、さよならは言いません」と言いました。

ここで自分がいなくなっても新日本は大丈夫だという確信がありましたし、出て行く自分に対してこうして壮行試合という舞台を用意してくれた新日本の懐の大きさも感じましたし、そこで一部の外野が「新日本が危ない」とか言い出した動きに対しては、ちょっと「どうなの？」とは思いましたよ。

だって、いくらそんなことを言おうが、ずっと新日本にいた自分が「大丈夫だ」と思っているんだから、大丈夫なんだよって。いい格好をするわけじゃなく、大丈夫じゃなかったら僕は退団をしていませんから。

また誰かが新しい価値観を作るに決まっているんだし、それがプロレスの歴史なんだから。

そういえば、退団直前だから1月下旬かな。飯伏から連絡があって、僕の家の近所まで来てくれて一緒に飯を食いましたね。当時、飯伏も新日本とＤＤＴを辞めてフリーになったばかりだったから、「俺たちの夢はプロレスラーになった瞬間がゴールじゃないよな」なんて話をしましたけど。

自分が退団を告げた時は、CHAOSの面々もそうでしたけど、やっぱりレスラーってみんな独立独歩な精神性を持っているから、個の生き方を尊重してくれるんですよね。だから「さみしくなるけどがんばれよ」って言われたし、僕もみんなに対してそう思ったし。

結局、自分の人生は、自分自身が責任を取らなくちゃいけないじゃないですか？　僕はほかの職業に就いたことがないからわかりませんけども、レスラーってみんなそういう意識を持ってるんだなってことを再確認しましたよね。

もしかしたら、新日本に籍を置きながらでも世界に出られる道筋がなかったわけではないかもしれない。だけど、僕はどうせ挑戦するなら、周りの環境もガラリと変えてやってみたかった。本当の意味での挑戦がしたかったというか。そして、世界一と言われている組織を内側から覗いてみたいという好奇心もあったんです。

波乱万丈の13年間

2016年1月31日をもって新日本との契約が満了しました。2月1日にはさっそく新日本の公式サイトから僕の写真が消えたことを知り、自分も含めてそれぞれが新しい道へと進むんだなということを実感しましたね。

そして、「現時点で俺は人生初の無職なんだな」ってことも（笑）。

それまでのレスラー人生も、僕はやらかしまくりで進んできたわけですよね。新日本を辞めてWWEに行くということも、自ら行動を起こしておきながら、「どうしてお前はいつもこうなの?」って俯瞰で見ている自分もいるんですよ。最初っからIWGPのベルトを持って総合格闘技の世界に身を投じたり、会社からすごく怒られた「猪木への挑戦」発言とか、本当にやらかしまくりですよ。

もともと、僕はお金持ちになってスーパーカーを手に入れたり、超高層ビルに住んだりするステータスを手に入れるために生きてるわけじゃない。そういう種類のステータスは試してみたけど、なんか合わなかった。あくまでどうにかこうにか自分の好みに従って生きていきたいなと思っていて、その過程でWWEに行くという選択肢があったということなんです。

とにかく、最終的には「自分の人生だから」っていうところで判断をすることができたということですよね。いろんなウェットな部分、さまざまなしがらみもあったものの、すべては「自分の人生だから」というところに気持ちを落とし込むことができました。

人間、大きな行動を起こそうとする時っていうのは、決め手となるものが間違いなくあるはずです。僕の場合もいくつか決め手があって、そこはプライベートでお付き合いのあるいろんな人たちが背中を押してくれたというのもある。「あなたのやりたいようにやりなさい」と言ってくれた人間もいれば、通っていた鍼灸院の先生ミカちゃんは「誰でもできることじゃないんだから、やっちゃいなよ」とか言ってくれて。「やりたくてもやれない人なんか、あなた以外の全員なんだから。あなたしかできないならやるしかないでしょ」みたいな。ずっと僕の怪我やコンディションを見てきてくれた人だから、ありがたかったですね。

「新日本退団会見にて。感情が溢れてしまってうまく言葉にならなかったですね」

2002年8月にデビューをさせてもらいましたから、新日本プロレスには13年間お世話になりました。その13年を一言で言うとしたら「波乱万丈」です。当たり前ですけど、自分にとって本当にかけがえのない日々でしたね。

#02

WWEデビュー

ビンスとの対面

2016年の2月に入ってからはとにかくもうバッタバタの日々を過ごしていましたね。仕事も、生活拠点も、何もかもをアメリカに移すことになったのに、心新たにする暇もないくらいに慌ただしい毎日を送っていました。

だけど、何ひとつ整ってはいないのに、「まあ、大丈夫だろう」とは思っていました。それまでも公私ともに世界中を飛び回っていたから、「なんとかなるっしょ」みたいな感じで。

実際、引っ越しの事務的な細かい作業とかもほとんど自分ひとりでなんとかなりました。ビザの申請に関してはWWEにある程度は助けてもらいますけど、それ以外のことはほとんど自分でやらなきゃいけないんですよ。それでもやっぱなんとかなったなっていう感じですね。

日本でそういう事務的な作業を片づけていたところに、WWEから「すぐに本社に来い」とメールが送られてきたんです。

それで2月2日にさっそくニューヨークへと飛びました。契約書はすでに送られてきていたから、そこではビザ関連についてのやりとりですね。

まず、向こうの空港に着いたら、本当に「なんでだ？」と思うんですけど、アメリカ人のプロレスファンが出口で待ちかまえてるんですよ（笑）。どうしてその日僕がニューヨーク入りするという、誰も知りえない情報を持ってるんだっていう。

そんな感じで驚いていたら、またもや「ええっ？」となるようことが起きまして。「あれ、なんで毒蝮三太夫さんが？　フルハシ隊員がどうしてここに？」と思っていたら、FUNAKIさんが僕を迎えに来てくれていたっていう話なんですけどね（笑）。

そうしてニューヨークからコネチカットにあるWWE本社に向かって、スタッフ全員に挨拶をして回りました。それで「このビルのこのフロアにはデザイナーがいて」だとか、「ここにジムがあって」だとか、「簡易的なスタジオはここ」、「こちらは世界中のプロレスの資料を集めている場所です」とかって本社の隅々まで案内をしてもらったんですけど、最後にビンス（・マクマホン）のところに行ったんです。

その時、僕はまだ何も知らなかったから、それが当たり前なのかなと思っていたんですけど、あとから聞いた話だと、いきなりビンスと面会をするなんてそんなことは誰もしたことがない超異例なことだったらしいんですよ。まず、選手が本社に行くこと自体、ほとんどないらしくて。

ビンスからは「期待してるよ」と声をかけてもらいましたね。

メディカルチェックと家探し

本社での用事が終わると、今度はペンシルバニア州ピッツバーグへと飛ぶわけですが、そこではメディカルチェックですね。身体検査、血液検査、そして脳のチェックという、とにかく身体のすべてを厳しく洗いざらいに調べられるんです。だけど、メディカルチェックで引っかかる心配はまったく考えていなかったですね。どこかに不安材料を抱えていたとしたら、そもそもその場にはいないわけですし、当然、結果的に問題はなかったです。というか、メディカルチェックの結果を待たずして、WWEは「4月1日、ダラスでデビ

「WWEとの契約でオーランドに行った時。空港でレンタカーを借りた」

ュー」と公式に発表をしていたわけですし（笑）。

コネチカット、ピッツバーグときて、最後はオーランドですね。オーランドにあるWWEのパフォーマンスセンターへと飛ぶわけですが、そこで現地スタッフへの挨拶をしたのちに、本契約を交わしたんですよ。ちなみに、そのコネチカットからオーランドまでの行動というのは、メディカルチェック以外の場所ではクリップで使うための映像を撮るカメラマンがずっと同行してるんですよ。「はじまってるなー」と思いましたね。

オーランドではもうひとつ目的があって、住居探しですね。

そこである程度の物件の目星をつけたわけですけど、その時の住居探しのポイントとしては、デヴィちゃんと同じアパートにしたっていうことですね。セキュリティという意味では、一軒家よりもアパートのほうがいいと思いましたし、アメリカでいうアパートメントというのは、日本でいうマンションのことですよ。アメリカには〝マンション〟という呼称がなくて、だから「プールとジム付きのアパート」って言われたら、日本人は一瞬、「えっ？」ってなるかもしれないですね。

ビザの打ち合わせ、メディカルチェック、本契約、住居探しを終えて、日本に帰国しました。

4月1日、『テイクオーバー：ダラス』でデビュー

アメリカ現地時間の4月1日、テキサス州ダラスでの『テイクオーバー：ダラス』でデビューすることが決まっていたんですけど、ビザの申請がなかなか下りずに直前まで日本で慌ただしくしていましたね。大使館に行ったりしてもうてんやわんやですよ。

僕の持っている種類のビザを1か月かそこらで取ろうなんていうのは、かなりの至難の技だったらしいんですよね。だから毎日のようにWWEから電話がかかってきて、「ビザの面接の予約はちゃんと取れたのか？」みたいな。それで「もう緊急だからここに電話しろ」とか、ああしろこうしろで指示通りに書類を集めてやりました。

そうして、なんとかビザの申請が下りて、当初WWEから来いと言われていた時期よりも大幅に遅れて、オーランドに飛んだのが3月28日。デビュー戦の3～4日前（笑）。

最初はウイークリーのホテルに投宿していたんですけど、すぐ直後に例の目星をつけて

いたアパートから正式に入居の許可が下りたので、とりあえず部屋に荷物を置いて、ＩＫＥＡに行ってマットレスだけ買ってきて（笑）。そうしてまだ時差ボケもある中で、荷物の中からコスチュームだけ引っ張り出して、それをバッグに詰め込んでダラスに飛んだんです。

じつは、あのデビュー戦の入場で着たレザーのジャケットは、その時はまだ僕の手元にはないんですよ。あれは日本のコスチューム屋さんが作ってくれたものなんですけど、僕が日本を発つ日にはまだできていなくて、あとからダラス入りしてくるマスコミの人に持ってきてもらったんですよね。それをデビュー戦前日の夜に受け取って。

つまり、あのサミ・ゼインとのデビュー戦はいろんな意味でぶっつけ本番だったんです。だからこそ、あそこまでの鬼気迫る感情というか、なんて言ったらいいんだろう、自分の生きようとする力が現れたのは、そういう極限状態にいたからこそで。だから〝ナマ〟の部分が出たんでしょうね。そういう試合だったように思います。

デビュー戦直前は、緊張とかプレッシャーというものはまったく背負っていませんでしたね。それよりも、当日は会場でたくさんの人に挨拶をしなきゃいけないっていうのが大変で、緊張なんてしてる暇がなかったんですよね。

もう会う人、会う人みんながほとんど初対面で、X-PACとは「ああ、ひさしぶり！昔、LA道場で会ったよね」なんて会話をしましたけど、とにかく『レッスルマニア』の直前でもあったから、あの日はいろんな選手が会場に来ていたんですよね。そこには現役だけじゃなくて、昔所属をしていたレスラーたちもいて、そっちのほうへの気疲れがありましたね。

それまでの僕はWWEに関しての情報を得ようとしたことがなかったから、本当に誰が偉い人なのかもよくわかってないし、そもそも名前がわからないんですよ。そんな感じだから、あの日は慎重にいろんな人とのコミュニケーションをとっていた記憶があります。

そうした慌ただしさの中で迎えたデビュー戦ですけど、やっぱりね、試合に出て行く直前は緊張をしてましたよ。だって、僕の新しい入場曲を誰も聴いたことがないっていうシチュエーションなわけですからね。なのに、裏でスタンバってたら曲が流れる前から「ナーカームーラー」の大合唱が聴こえてきて。

「みんなサンキュー。これは助かるー」と思いましたね。「おいおい、あの日フィラデルフィアで俺に声援を送ってくれた連中が今日もここに来てくれてるのか？」みたいな。「おめえら、マジでサンキューな」って真壁刀義になっちゃいましたよ（笑）。

とにかく、あの声援でちょっとだけ不安が解消されてからリングに上がるわけですけど、それはそれは久しぶりに喉が渇きましたね。最初のレスリングでちょっと間をとった時、それは今でもGIF画像とかでネットにあがってるみたいですけど、僕がニコニコ笑いながら舌をペロッとするシーンがあるんですよ。あれは口が渇きすぎてて「やっべー」と思いながら唇を濡らしてるんですよね、じつは（笑）。それを笑いながらやったわけなんですけど、「なんだ、このゾクゾクした感じ!?」と思ってましたよね。

まあ、喜んでたんですけどね。刺激っていう意味では、自分が求めていたものがそこにあったわけですから。

試合中、鼻血が出ちゃうっていうアクシデントがありましたけど、WWEのスタイルの中に「顔を突き出してエルボーを受けにいくな。ちゃんとガードを上げておけ」というものがあるんですよ。それでガードを上げた瞬間に、サミのエルボーが僕の腕に当たって、つまりあれは自分の腕で鼻を打ったんです。

「デビュー戦は現地のファンの期待感が炸裂してたので、それに乗っかって助けてもらった感はありますね。今さらだけどありがとう」

でも、WWEのそういう「ちゃんとガードを上げろ」という教えなんかは「賢いな」と思いましたね。細かい部分の話になりますけど、「やっぱプロレスってそういうところだよね」って。まあ、そういうところを知っていても、みんながみんなできるわけではないんですけど、WWEの言わんとしている「レスリングのベーシックな部分」は、自分が思うところと似通っているなと思いますね。

それはテクニックというよりも、なんだろう、〝細かい所作〟というところでしょうね。気にするべき振る舞いというか。まあ、こういうものはプロレスにしかない、独特なものなんですけどね。

本名がそのままリングネームになった

デビュー戦におけるWWEサイドからの事前のオーダーというのは、「とにかく度肝を抜いてくれ」っていうようなことを言われていましたね。そこはまあ、「まかせておいてよ」とは思いましたけど（笑）。だからWWEのスタイルというのは二の次で、まずは中邑真輔そのものを見せてやれっていうことですね。リングネームは希望通り、本名の〝SHINSUKE NAKAMURA〟なわけだし、これまでアメリカのファンが見たことがないものを見せてやろうと思っていましたね。

WWEと契約をしようって頃から「新しい名前は何がいい？」って言われてたんですよ。そこで僕はいちおう「本名がいい」って希望を出してたんです。そしたら「シンスケ・ナカムラでいこうだなんてふざけんな」みたいな感じで言われてて（笑）。

だけど本社に行ったときにタレント・リレーション部門の人と話をしていて、「もうシンスケ・ナカムラで有名なんだからそのまんまでいいじゃん。本名なんだし」なんてことも言われてたんですよ。こっちも当然それがいいのに、「じゃあ、なんで『新しい名前はどうする？』なんて聞いてくるんだ？」と思ってました。そんな感じでウダウダやってたらデビュー戦の日付と相手が決まって、もうなし崩し的にシンスケ・ナカムラでいくことになって、ちょっとホッとするみたいな（笑）。

だけど、AJも「AJスタイルズ」のままだったし、最終的には「それまでの知名度を利用したほうがいい」って判断だったんじゃないですかね。まあ、本名でよかったと思う反面、IDとかを見せる時に「あれ、お前、シンスケ・ナカムラじゃないか！」って言われるのがちょっと大変ですね。それって、パスポートに「獣神サンダー・ライガー」って書いてあるようなもんだから（笑）。

とにかくデビュー戦では「中邑真輔そのものを見せる」と決めていたので、日本のファンにとってはお馴染みの中邑真輔だったと思います。一方で、やっぱりWWEネットワークの視聴者っていうのは、世界中のありとあらゆる国、あらゆる人種がいるわけですよ。かつ、そこから海賊動画となって漏れ、YouTubeだったりDailymotionだったりで流れているものも合わせたら、とんでもない数の人間がWWEを観ているわけですよね。そういう人たちにとっては、中邑真輔のプロレスというのはほとんど観たことがないものだったわけだから、だからこそ、ありのままの中邑真輔、それ一発で勝負をしたんです。

デビュー戦以降は、徐々にWWEのスタイルを学んでいくわけですけど、あの時点では多大なる時差ボケの中、体力がギリギリの状態である中、いろいろやることが多すぎてフラフラの中、身体の締まっていない中（笑）、ありったけのシンスケ・ナカムラ、つまり中邑真輔を出すことができたと思いますね。

だからと言って、あの試合がベストのパフォーマンスだったかといえば、そうでもないかなとも思いますけど。まあ、それは人それぞれの感じ方があると思いますし、しばしば起こることで、本人の中ではイマイチだったなと思っていても、周囲からは大絶賛されるようなこともあるじゃないですか。そういう部分を若干含みつつも、僕の好きな試合ではありますね。

必殺技〝ボマイェ〟が〝キンシャサ〟に

僕の〝ボマイェ〟という必殺技が〝キンシャサ〟という名前に変更することが決まったのも、デビュー戦当日なんですよ。コーリー・グレイブスっていう元レスラーで実況アナウンサーをやっている人がもともと僕の大ファンで、しかも誕生日が一緒なんですよね。それで当日の会場で、彼から「ボマイェっていうのは〝殺す〟っていう意味だから、放送コードに引っかかると上から言われていて、何か別の名前に変えないといけないんだけどどうしよう？」って言われたんですよ。「だけど俺が勝手に適当な名前に変更しちゃったら、俺がプロレスファンからブーイングを浴びちゃうよ」って言ってて。

彼はボマイェという言葉の意味も、それがジョージ・フォアマンvsモハメド・アリの〝キンシャサの奇跡〟から来てるということも知っていて、「アリはアメリカンヒストリーだから問題ないのになあ」ってぼやきつつも「じゃあ、どうしよう？」って一緒に考えたんですよね。それで僕が「じゃあ、キンシャサでどう？」って言ったんですよ。それで実況の時に「キンシャサー！」って叫んでもらったんですよね。つまり、最後のフィニッシュシーンで彼が「キンシャサー！」って叫んだ時がキンシャサ誕生の瞬間ですね。

だからようするにね、これは〝ドルゴルスレン理論〟なんですよ。難しい言葉は口にして言いたくなるっていう。朝青龍の本名のドルゴルスレン・ダグワドルジっていうは絶対に覚えて言いたくなるって理論なんですけど（笑）。キンシャサもそうだし、そもそもシンスケ・ナカムラだってアメリカ人には言いにくい名前なんですよ。「SHINSUKE」はそのまま読むと「シンスク」になるんですけど、表記と発音が違う人なんてアメリカにはいっぱいいるから、「これはなんて発音するの？」っていう感じでよく聞かれるんですね。

「サミ・ゼインは経験があって手数の多い選手。そういう選手とは濃密な試合がやりやすいですね」

それで「俺はナカムラの名前を言えるんだぜ」みたいな特別感があると思っていて。まさにドルゴルスレン・スミヤバザルですよ。あっ、スミヤバザルは朝青龍のお兄さんのことですからね（笑）。

試合後、バックステージに戻ってきて、一番最初に握手をしたのはビンスでした。

本来であれば、NXTの現場にビンスはいないんですよ。ロウとスマックダウンの会場には当然いるんですけど、あの日に限ってはわざわざNXTを観に来ていたんです。

ビンスと握手をしたあと、HHHとかみんなに出迎えられて、「おっ、すげえな。やっべえな」みたいなリアクションをいただきましたね。とりあえず、自分も試合に関しては及第点かなと思ってましたし、さっきも言いましたけど、好きな試合。

とにかく、あんなにバタバタで慌ただしい状況の中でデビューをして、狂ってましたね。狂ってたというのは、すなわち楽しかったということです。

そうして、さっそく翌日から本格的にWWEの活動がスタートするわけですけど、『テイクオーバー』の会場近くのアクセス（ファンイベント）で、NXTのテレビ収録で1日に3試合やりました。そこからプロデューサーからの細かい指示が入りはじめるんです。

「WWEに移籍してからもTシャツのデザインは友人のロジャー・ミカサがやってくれているんです」

そういう部分にもとくに戸惑いとかは感じなかったですね。こういうもんなんだなって。だから受けるしかないっていう感じで。

前日のデビュー戦に続き、その収録でもファンの熱というのは感じましたね。ただ、アクセスには「NXTは観ていない」というWWEファンもたくさんいたと思うんです。というのは、『レッスルマニア』前にNXTの『テイクオーバー』を同じ都市で開催するというのは、あのダラスが初の試みだったんですよ。それが成功を収めることができ、のちに『サマースラム』前の『テイクオーバー』も大変な盛り上がりになったわけなんですよね。

だから、あのダラスでの『テイクオーバー』はNXTにとって特別な日だったんです。チケットが完売になったことで、「ビンスが『どういうことなんだ?』と驚いていたんだぞ」と、HHHが控え室でスピーチをして、みんなで盛り上がってるんですよ。僕はまだ状況がよく把握できていないから、「へえ、そうなんだ」とひとり取り残されていたんですよね。「すみません、新参者で」みたいな感じで黙って聞いてたんですけど(笑)。

とにかく、こうして僕はWWEの一員になったんです。

#03

アメリカでの日常　PART1

オーランドという街

オーランドにはもうかれこれ1年以上住んでることになるんですね。いろんな選択肢があると思うので、これからもずっとここにいるかどうかはわからないんですけど、NXTで活動をする上では、まずはオーランドに住むことしか考えられなかったということですよね。

でも、WWEのスーパースターたちも基本的に東海岸に居をかまえている人が多いんです。それはやっぱりスケジュールを考慮した場合、東海岸での試合が多かったり、ヨーロッパツアーがあったりするので、東海岸の時間で生活をしておいたほうがいくぶん楽だからなんです。アメリカは西から東までの国内移動でも飛行機で5時間かかりますし、時差も国内で3時間もある。だから東海岸にいる。

あとは税金の問題ですね。アメリカは州によって税制が違っていて、その中でもアリゾナ、ネバダ、フロリダっていうのは州税というのがかからないんですよ。そういう理由も

「日向ぼっこをしているワニ」

あって、フロリダやラスベガスにはリタイアをした人たちが引っ越してきたりするケースが多いんです。

あとは、野球チームだとかフットボールのチームがフロリダでキャンプを張ることが多いのは、温暖な気候で怪我をしにくいというところもあるんでしょうね。

オーランドという街は、一言で言うと〝テーマパーク銀座〟です。アメリカの代表的な都市はニューヨークですけど、フロリダも一大観光都市で、中でもオーランドはテーマパークに事欠かない街なんです。

世界最大級のディズニー・リゾートであるウォルト・ディズニー・ワールド・リゾートをはじめ、ユニバーサル・オーランド・リゾート、ケネディ宇宙センターとか、世界最大級のマリンパークと言われているシーワールド・オーランドなど、その他もろもろがこの街には揃っている。そういう世界的な観光地という顔が基本としてありつつ、一般的にはちょっぴり田舎っぽい、アメリカの中ぐらいの都市というところでしょうか。でも、巨大観光地だから国際空港は常に混んでいる状態です。

オーランドにも日本人コミュニティがあるらしいんですよね。直接的な関わり合いはないけれど、そこから得られる、こっちで生活をする上での情報というのはありがたかったりしますね。

あとは、これはオーランドに限らず、「俺は日本に住んでいたことがあるんだ」っていうアメリカ人がとにかく多いですよね。親だったり、本人が沖縄とかの基地に赴任していたっていうパターンで。「俺は子どもの頃、沖縄で育ったんだ。いつも『サンバルカン』を観ていたんだよ」とか「日本のヒーローもののおもちゃはホントにすげえ！」って言ってて、今でも集めてるって人に声をかけられたこともありますね。

喜ばしいことに、日本での生活を経験したことがあるアメリカ人は、たいてい日本にいい印象を抱いてくれているんですよ。日本人は外国人に対して優しいですから、いい思い出を持って帰ってくれているんでしょうね。

週1日はサーフィンをやりに海へ

オーランドの名物といえば、夏のスコール。

夏になると東海岸からの高気圧と、メキシコ側からの高気圧がちょうど正午あたりにぶつかるんですね。それでオーランドはフロリダのど真ん中だから、正午から夕方にかけて激しい雷雨が降るんです。だいたい30分くらいで抜けてくれるんですけど、それはそれは激しいですよ。

雷とかハンパなくて、高速とかを車で走っていると、あと5分したら雨が降ってるところに突っ込むぞっていうのが空模様でわかるんですよね。どこもかしこもゲリラ豪雨ですよ。

もうおじさんだから、夜のオーランドの顔はほとんど知らないですね。外で飲み歩いたりすることがほとんどなくなりました。たまに夕方でもやってるマーケットに顔を出して、飲みながら食べ歩きみたいなことは楽しんだりもしますけど、ダウンタウンやいわゆる繁華街に繰り出したりすることはほぼないです。

だけどクリスマスの時、NXTのオニー・ローガンっていうレスラーから呼び出されて、ダウンタウンまで顔を出したことがあるんですけど、「いやあ、おじさんにはもうキツイな」と思いましたよ（笑）。

「レンタカーを借りて次の街に移動中、ストームに襲われました」

こっちでもかならず、どんなコンディションでも、週1でもいいからサーフィンをしに海に行くようにはしているんです。週4日試合がある中で、合間はずっとサーフィンのことを考えていますね。ストレスが溜まれば溜まるほど海に行きたい衝動に駆られるんですよ。

リフレッシュというか、とりあえず海にドボンと入って潮で清めてもらうような感じです。疲れているからこそ行くんだっていうところがあって、要するに水の中に入れば、360度、立体的に身体に水圧がかかるわけじゃないですか。それもマッサージだと捉えれば……って自分に都合のいいようにしか考えていないんですけど（笑）。

サーフィンは下手くそだけど、自分の生活の中でけっこうなウェイトを占めてますよね。楽しくリフレッシュすることができるということだけじゃなくて、トレーニングも兼ねているっていうのもあるし、自然と日焼けもできるし、健康になるっていうのも含んでますし。でも、やっぱり「気持ちいい」っていうのが一番ですね。

ただでさえ気持ちいいのに、今より上手にもなりたいんです。いまだに何か新しいことができたっていうことで一喜一憂しますからね。

フロリダにもサーフィンの文化はあるんです。ケリー・スレーターっていうサーフィン界のヒクソン・グレイシー的な存在の人がいるんですけど、けっこうなお歳にもかかわらずいまだ檜舞台でやってるという人で、その人がサーフィンのメッカと言われているココビーチ出身なんですよね。

そんな伝説の人がカリフォルニアでもハワイでもなく、フロリダの出身なんですよ。フロリダのビーチの波はほぼビーチブレイクで、ボトムが砂なんですね。砂って移動をするから30分もすれば潮の満ち引きによって波の割れる場所がどんどん変わっていくんですよ。だから、海の中にいてもちょいちょい移動しなきゃ行けないし、波の予測がけっこう難しいですね。だけど湘南に似てるといえば似ていて、波質は湘南よりも少しパワフルではあるんですけど、永遠に続く由比ヶ浜みたいな。まあ、カリフォルニアほどいろんな地形がない代わりに、とにかく空いてるところが長所ですね。

だけど、オーランドからだと1泊2日でプエルトリコとかコスタリカにも行けたりしますからね。メキシコにも5時間で行けちゃう。いつかそういうところに遠征したいなーと思っていますね。いや、やっぱりお金が貯まったら、もっと波のいいところに引っ越しちゃうかもしれない。

まあ、お金さえ出せばウォルト・ディズニー・ワールド・リゾートランドのタイフーン・ラグーンっていう波が出るプールを貸してもらうことができるので、そこにいつかサーファーを集めて、ファウンドっていうんですかね、みんなで貸し切りたいなとも思っています(笑)。

スケボーもやってるんですけど、骨を折っちゃう可能性が0ではないからちょっとだけ慎重になりますね。でも、日本と違って公道でも走れるし、巨大なアパートの駐車場でやれたりもするし、公園に行ってもロングライドできるくらい全然大丈夫なんですよ。ちょっと傾斜さえついていればどこでも楽しく遊べますね。

外食でテンションが上がらない…

住み心地に関しては、まあ、僕自身は「どこでだって住める」と言ってしまえばそれまでなんですけど、オーランドに根を下ろしつつあり、「やっと落ち着いたな」という部分

「HHHからもらったサーフボードと私」

はありますね。

根を下ろすために工夫したことは、日本から持ってきた大量のマグネットを冷蔵庫に貼ったぐらいですかね？　マグネットはこれまで世界中を旅した時に集めてきたものなんですけど、僕の精神的支柱というか（笑）。長年愛用している枕みたいな感じで、やつらが冷蔵庫にいるとホッとするというか。

あとは本とか。「これはアメリカに持って行く」と決めていたものは、佐藤有文さんという人が描いた『妖怪大図鑑』という本と、『ブルース・リー・ノーツ　内なる戦士をめぐる哲学断章』。これはブルース・リーの思想が綴られていて、『妖怪大図鑑』ともども子どもの頃から大好きな本なんです。

それと師匠・桜井章一さん関連の本だとか。ほかには大沢在昌さんの『新宿鮫』全巻とかかな。あとは英語の本がちょろっとですね。

『新宿鮫』は、昔ジャイアント・ノルキヤ戦前にサンノゼにあったブライアン・ジョンストンの家にホームステイをしながら格闘技の練習をしていた時、練習がものすごく厳しくて、週一しか外出をさせてもらえなかったんですよ。そこでサンノゼにある『ミツワマー

「戦いにおけるメンタルについて非常に役に立った本。超面白いです」

ケットプレイス』っていう日本食スーパーの隣に紀伊國屋書店があったんですけど、そこで『新宿鮫』を買って、エンターテインメント要素のないジョンストンの家でひたすら読んでたんです。

ジョンストンたちは寝るのがめっちゃ早くて、20時、21時にはもう就寝なんですよ。そこでひとりライトを点けて、『新宿鮫』を読んでたっていう、そう言った思い出込みで好きな本ですね。

それとよく聞かれることなんですが、こっちでの食事情ですね。食事に関しては、たぶん日本にいた頃よりも日本食を食べてるんじゃないかっていうくらいです。なぜかというと、こっちはいろんな意味で外食に期待ができないから、どうしても自炊がメインになってくるんですよ。外食をすることでテンションが上がらないという悲しい事実があるんです。味や値段もそうですし、チップを払わなきゃいけないしで。

おそらくチップという習慣があるから、アメリカはファーストフード文化になったんだろうなって思いますよね。ファーストフード店ではチップを払わなくていいわけじゃないですか。レストランは一回腰をかけると、店によっては20パーセント以上のチップを払わないといけないこともありますから。

ただね、自炊は自炊でまた大変なんですよ、これがまた。

理由は日本食に必要な食材の調達が困難なことです。生鮮食品的なものはオリエンタルマーケットに買い出しに出かけるわけですけど、もっぱら中国系のスーパーで手に入るんですよ。ただ、たとえば味噌でも家庭によって赤味噌、白味噌、合わせ味噌とか好みがあると思うんですけど、うちの場合は麦味噌なんですよね。だから、なかなか手に入りづらい。でも、僕はもう麦味噌の味に慣れちゃってるもんだから、日本から来る人にお願いをして麦味噌を持ってきてもらったりしていますね。それか、カリフォルニアで試合がある時などに、さらっと日本のスーパーに立ち寄って、麦味噌を発見するやいなや買い占めたりとか。

オーランドでもなんとか麦味噌が買えないかなーと、オリエンタルマーケットのレジで交渉したりもしますよ。「麦味噌をちょっと仕入れてくれないか?」って。僕、そういう努力は惜しみませんから。「入荷してくれたら間違いなく買うから。なんなら段ボールで買ってもいいんだから」って言って(笑)。

オリエンタルマーケットは、僕の知っている限りで近所に3軒あるんですが、中国系だったり、韓国系だったり、日本寄りのアジア系だったり、店によって違うんですけど、ほとんどが中国系でしょうね。カリフォルニアのようにがっつり日本のスーパーというのはないんです。

中国系は店頭にカエルが売ってたりするんですよね。それと必ずと言っていいほど、ドリアンが置いてある。フルーツの王様なのにめっちゃ臭いってどういうことなんだって（笑）。あの匂いのせいで店に入るのが億劫になったりもするんですけど。

それと韓国系のスーパーもなかなかおもしろくて、ハングル表記の納豆を発見した時は驚きましたね。日本から輸入した納豆の3個パックは3ドルもして高いんですけど、ハングル表記の納豆はその1／3、つまり1ドルなんですよ。僕はこれを試すべきなのかどうかとずっと考えていたんですけど、こないだようやく試してみました。その感想は「まあ、そうだよな」っていう感じ（笑）。

やっぱりカルフォルニアとかは日本の食材を調達することが容易でうらやましいですよ。福砂屋の辛子明太子なんかも普通に売ってますからね。オーランドでは辛子明太子も韓国

「アメリカナイズされた麦味噌」

産のやつが冷凍で売ってるくらいで、それも試しにとりあえず買ってみたんですけど、〝これじゃない感〟が満載で「う〜ん……」みたいな。

だから、とにかくカリフォルニアで試合があったら、福砂屋の辛子明太子を買って保冷パックに詰め込んでね、飛行機で5時間かけてオーランドまで持ち帰るんですよ。「これはオーランドのどこのレストランに行っても食べられないものだぞ！」と思いつつ、「この辛子明太子でパスタ作ったら贅沢すぎるよな……」とかって思いながら（笑）。

こういう、日本にいたら当たり前だったことが特別なものになるっていうおもしろさが海外生活にはありますよね。まあ、日本における外食の楽しさが、こっちでは自宅にこそあるっていう話です。

ニューヨークやロサンゼルスなら、日本食の食材なんて普通に手に入るよっていうところなんでしょうけど、そういう意味ではフロリダはまだまだ田舎だってことでしょうね。田舎というか、ようするにアジア系の住民がまだまだ少ないっていうことでしょう。ベトナム系やチャイニーズ、韓国系も住んでるんですけど、日本の企業があまりこっちに入っていないからか、なかなか住んでいる日本人は少ないという部分もあるんじゃないですかね。日系企業も今はカルフォルニアからテキサスのほうに多く移動している流れもあるみたいで、だからテキサスにダイソーができたりとか、日本人コミュニティが形成されつつあるっていう話を聞きましたけど。

でも、オーランドにも僕が来てから間もなくして焼肉の『牛角』がオープンしたりもしたんですけど、自宅の近所ではなくて、ユニバーサル・スタジオのほうみたいで。とにかく、日本にいる時よりもずっと日本食に対して貪欲になっています（笑）。

ただ、外食でテンションが上がらないからこそ、積極的に新規開拓をするようにもしています。いい店が見つけられたらラッキー、みたいな。なかなかないですけどね、ブランチ、ランチ、ディナーの中で、ブランチくらいならいいところもけっこうあるかなって感じですね。

やっぱり美味いラーメンが食べたい

日本食ならなんでもオーケーという部分はありつつ、やっぱりラーメンが無性に食べたくなることが多いですね。

試合で行ったアメリカ国内で、ニュー・ハンプシャー州のマンチェスターという街がよかったですね。ヨーロッパ遠征から帰ってきたばかりの時に訪れたんですけど、疲労が溜まっていて「今日はもう練習したくない！」っていう時に、すごいいい感じのシーフードレストランに行ったんですよ。

そこでカウンター席に座ってバーテンダーのお姉さんと世間話をしながら美味しいムール貝を食べるっていう癒しの時間があった、そういう思い出のある街なんですけど（笑）。

基本的に歴史のある街が好きなんですけど、車でハイウェイを走っていても、広大な土地に緑ばかりでずっと同じ光景が続くんですよね。だからなかなかそれぞれの街の印象を残せないんですけど、そこをあえて印象に残すためにやっていることがあって、その街の空港に着いてから会場までの間に日本人経営の日本食かラーメン屋があるかを探すんですよ（笑）。それはアプリを駆使したり、あとはその街に住んでいる日本人が書いているブログを探したりするんですけど、そういうアメリカ国内ラーメン探訪をやっています。

そうやって注意を払っているからっていうのもあるけど、アメリカ国内にはけっこうラ

「インディアナポリスのラーメン屋『Ray』。西山製麺の麺」

ーメン屋があるんですよ。今は局地的にラーメンブームなんです。ロサンゼルスには昔からありましたけど、そのブームはニューヨークで火がついてアメリカ全土に広がったっていう感じみたいで。

行く先々で、いわゆるヌードルではないちゃんとしたラーメン屋を探すわけですけど、店舗の見た目が怪しかったりすると「これじゃないよ」ってなる確率が高いから行かないようにしています。「ラーメンを食った」とカウントするのが嫌なので（笑）。

でも、こないだインディアナポリスに行った時、北海道の西山製麺を使ってる札幌スタイルのラーメン屋があったんですよ！　麺を入れる木箱みたいなやつがあるじゃないですか。あれが店先に置いてあって「西山製麺」って書いてあったから、すぐにネットで調べたんですよ。そうしたらちゃんとした北海道の製麺所で「これは行かなきゃ！」ってなって飛び込んで。本格派の味噌ラーメンを堪能させてもらってすごく感動しましたよ。まさかインディアナポリスで本物のラーメンが食えるとは思ってもみなかったから（笑）。

ちゃんとした中太の黄色いちぢれ麺でね、やっぱりラーメンは麺なんですよね。スープもだけどやっぱり麺だと思ってます。だから個人的に麺を仕入れたりできないのかなーって思いますもん。

僕はおもに西海岸でラーメン屋探訪をしているんですけど、シアトルの空港でロストバゲージで大切に使っていたTUMIのスーツケースが届かなかったことがあったんですよ。結局、翌日ホテルに届けられたんですけど、スーツケースがボコボコになっていて。「マジか……」と思って、空港まで戻って航空会社にクレームを入れたら、「100ドルくらいしか弁済できない」とか言われてね、「もういいよ。そんなお金いらないよ」ってひさしぶりに怒っちゃって。それで傷心のままとぼとぼと新しいカバンを買いに行こうと思って、前からチェックしていたオークリーのスーツケースにしようと、近くのモールに行ったんです。

そこで新しいスーツケースを買って、「あ～あ……」と思いながら空を見上げた瞬間に光り輝く看板があったんですよ！（笑）。『鼎泰豐』っていう小籠包が美味しい台湾料理屋で、東京なら二子玉川の高島屋にも入っているお店なんですけど。しかもね、そのトイメンにはラーメン『空海』のアメリカ支店ってのがあって！（笑）。「なんだここは！　選べない～！」と思いつつ、『鼎泰豐』に行って小籠包をひとりで食ってきたって話なんですけどね。

とにかくシアトルすげえなと思って。シアトルは寿司激戦区だし、やっぱ西海岸は日本食がいっぱいあっていいなあって。

アメリカで一番安くてほんのり日本を感じられるご飯といえば、吉野家でしょうね。ニューヨーク店が閉店しちゃって、たぶん今はロサンゼルスとラスベガスにしかないんですけど、ロスに吉野家ができたのは70年代後半ですからすごい歴史があるんですよね。やっぱり、いろんな日本食屋で牛丼を食べることもありますけど、吉野家ほど「牛丼!」っていう感じじゃないから。よくJALの機内で売ってる牛丼のレトルトが欲しいなって思いますもん。

メシの話ばっか(笑)。でも、WWEの日本公演がある時、参加するアメリカのレスラーも軒並みテンションが上がってますもんね。「あこがれの日本に来られました」みたいな。アメリカ人からしたら日本って夢の国なんでしょうね。

じゃあ、アメリカの料理って誰のためにあるんだって話になっちゃうんですけどね(笑)。

「週に2回は確実に飛行機に乗るので、まあ、今後もよく起こるでしょうね…」

世界一のハンバーガーはメキシコにある

僕の場合、ボディビルダー的な食事の摂り方っていうのはもうやっていないので、ひたすら鶏のささみだけを食べたりするようなこともやりませんし、糖質制限や脂肪分カットだったりというのも「生活の中で無理なく」っていうレベルに留めていますし。

結局、「そういう目的のための食事」となると精神的なストレスが溜まってしまうというのは経験でわかっていますから、むしろパフォーマンスに響くと思うんですよね。だからと言って、ハンバーガーとかファーストフードばっか食べてるとかそういうわけでもないですから。

実際、ファーストフードはそんなに食べないですけど、そこはやっぱりアメリカは本場だから、美味い店もたくさんあったりするんですよね。

日本ではまだあまり知られていない店もたくさんあって、カルフォルニアだと『In-N-Out Burger』、テキサスの『Whataburger』っていうのがパッと思いつくところですね。

イネナウトはカリフォルニア生まれの人気のハンバーガー店で、西海岸にたくさんありますね。安いのに、冷凍食材を使わずにオーダーを受けてから調理するのでフレッシュだし。裏メニューもあって、肉やチーズの量をカスタムすることもできるんですよね。ワラバーガーはテキサス生まれなんですけど、フロリダにもけっこうあって、ここは「なんてバーガーだ!」って言わせたいことがそのまま店名になっていて、ハンバーガーのサイズがでかめなんです。

「西のイネナウト、東のファイブ・ガイズ」って言われてるんですけど、バージニア州生まれの『FIVE GUYS』っていうお店があるんですよ。僕はファイブ・ガイズに行っても、ハンバーガーじゃなくてついついホットドッグを食べちゃうんですけど、ここのホットドッグは絶品ですね。イネナウトと同じく、冷凍食材をいっさい使用していないからとても美味しいですよ。

そして、僕が個人的に世界一うまいと思っているハンバーガーがあるんですけど、それはね、メキシコ(笑)。

メキシコシティのアレナ・メヒコ近くにある屋台のハンバーガー屋なんですよ。だからプロレスファンなら容易に見つけられるかもしれないです。僕、メキシコに行くっていう友人にはだいたいそこをすすめてますからね。

『Hamburguesas a la Parrilla』っていう店なんですけど、そこのハンバーガーは、屋台のくせに巨大な煙突がついていて、炭火焼なんですよね。だから肉がめっちゃおいしくて、かつ、バンズがめっちゃこだわってないんですよ。南アメリカでは有名な『BINBO』っていうパンメーカーがあって、日本でいう山崎製パンみたいな感じのポピュラーなパンメーカーなんですけど、そこの普通のバンズを使っているというこだわりのなさから、逆に肉のうまさが引き立ってるっていう。そのうえ、チリっていう唐辛子を短冊切りというか裂いたものを入れることもできるからキレもある。さらにハワイアンにするとパイナップルが入るから、ちょっとエクストリームな味も楽しめる。うん、「安くてうまい」ってことでいうと、あそこのハンバーガーは最高です。

ファーストフードっていうのは、それぞれに一応の特色がありますよね。中にはエグいハンバーガーと出会うこともあって、ドーナッツで挟んだバーガーとか、ピーナッツバターとベーコンとバーガーの合わせ技で「これは絶対にうまいに決まってる」というのがわかるやつとか（笑）。そういう「どんだけ太ればいいんだよ？」っていうやつをたまに見かけますね。

でも、ファーストフードってそういう脂肪分が高いのも多いんですけど、逆に日本よりも健康に気を使おうと思えば、たとえばボディービル的な節制の仕方をファーストフードでもできちゃうんですよね。タンパク質だけのメニューがあったりとか、スムージー屋さんも多いですしね。

日本でファーストフードだけで済まそうと思うと、蕎麦屋とかうどん屋とかも含めて、どうしても炭水化物は避けられないじゃないですか？　アメリカだと炭水化物をスルーしようと思えばできるし、ベジタリアンでも普通に利用できる店が多いっていう部分では、食事によるウェイトコントロールがしやすいんじゃないでしょうか。日本だとかなり厳しいと思いますよ。たとえば高速のサービスエリアとかで「僕はベジタリアンなんでそういうものが食べられません」ってなったら、何を食べたらいいんだってなりますから。かなりひもじい感じになっちゃいますよね。

まあ、アメリカは昔から普通にレストランにベジタリアン向けのメニューがあったりするのは、肉を食べない宗教が多いというのも理由のひとつだと思いますけどね。日本だとベジタリアンっていうだけで妙に偏見を受けたりすることもありましたからね。アメリカで「宗教上のことだから」と言うとそれが理由になりますけど、日本で宗教だからって言うとなんか違う目で見られがちですもんね。無宗教の国・日本ならではと言えると思いますね。

#04

WWEでレスリングをするということ

数字と実力主義

アメリカで暮らすということは、イコール、アメリカで仕事をするということですよね。

もちろん、僕はWWEしか知らないわけですけど、アメリカで仕事をするということを端的に言うと、完全なる実力主義ということ。それといいことも悪いこともすべて数字となって表れるということでしょうか。

つまり、何事も曖昧ではないということです。数字を弾き出すことができる、お金を生むことができるやつが強いっていう。

もちろん、日本と同じくコネクションや政治的な部分で人間関係が成り立っているという部分も往々にしてあったりもしますけど、まあ基本的には実力主義ですよね。

それと僕の言う「いいことも悪いことも、すべて数字となって表れる」ということのひとつとして、サービス残業がないというところですね。

たとえばサイン一枚を書くことからお金が発生します。そういう部分は、日本の場合は

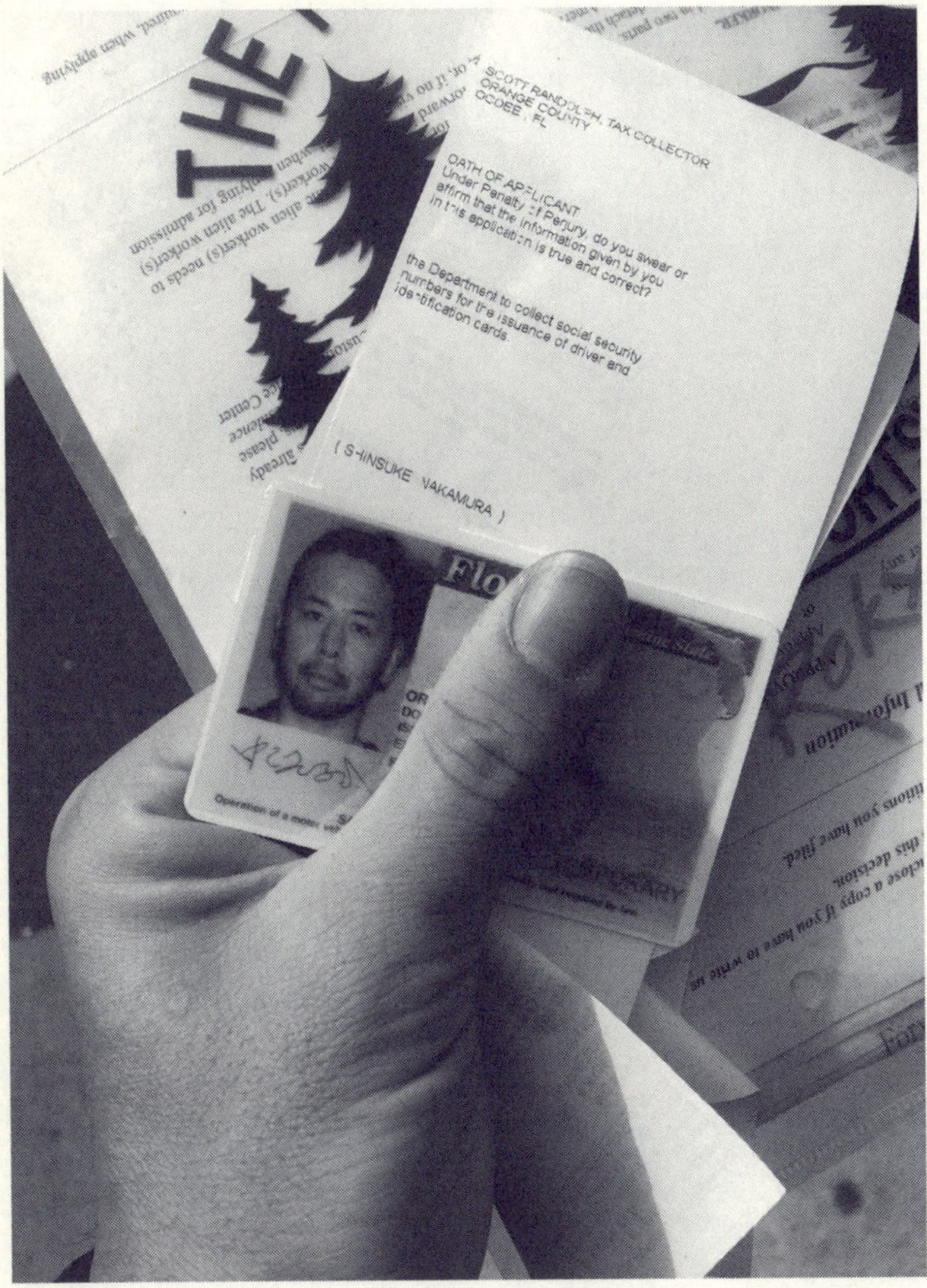

「そのままプリントされるとは思わず、適当にサインを書いてしまった運転免許証」

悪い意味で曖昧じゃないですか。「これ、ちょっとやっておいてよ」みたいなことが、アメリカだとちゃんとお金が発生するんですよ。そういう、やった分だけ、動いた分だけちゃんと数字で返ってくるんですよね。売り上げも数字だし、評価がお金になるっていうのも数字だし。

要するにエンターテイメントってライセンス、権利ビジネスというものがものすごく発達した世界ですから。これまでの歴史の中でそういうビジネス構造になっていったんでしょうね。

コネクションや仲間意識も当然存在はしているんだけど、やっぱり良くも悪くもドライな面があるし、かといって情緒的な面もあるし。でもやっぱり、仲間意識を持って情緒的にやってはいても、いつクビを切られるかもわからない。きのうまで試合をしていた人間が、次の日のレスリングニュースを見たらクビになってることが明らかになったりとか、そのあまりのシビアさにけっこうゾッとしたりもしますね。

だから、レスラーだけじゃなく、コーチやアナウンサーでもワンクールが終わったら急にいなくなったりすることもありますしね。自分なんかはまだ外国人という部分、言葉がつたない、ネイティブ並みにしゃべれていないというところで、ある種、可愛く見られている部分もあると思うんですよ。冷静に自己分析をすると（笑）。これが同等に見られてくると、たぶん雰囲気がガラッと変わってくるんだろうなとは思いますね。

こういうドライな感じっていうのが、自分の肌に合ってるかどうかっていうのは、あまり意識して考えたことはないですけど、こういう世界に身を投じているんだからそういうものだっていうか、合うか合わないかでいうと、今こうしてここにいるから合ってるんじゃないですかね？　まだWWEに入団をして1年しか経過していないのでなんとも言えないですけどね。

そんな世界だから、逆に「こいつはカネになる」と思ったらとにかく猛プッシュですよね。

カネの成る木だと思ったら、もっと成らせてやろうという意味では、出る杭は打たれない世界です。出る杭はどんどん引き上げて、そこから享受しようというのがスマートなビジネスのやり方なんだと思います。

だから、とにかくひとりのレスラーを時間をかけてでも大きなビジネスにしたいと思ったら、あえて引き上げるのを焦らしたりとかする手法もあったりして、そこも歴史的にそういったフォーマットが生まれて、そこに当てはめていったりしてるんでしょうね。

そういう、歴史が証明していること、そのノウハウを持っているという意味では、WWEに対しては信頼感を持っていますし、今のところはいい感じで関係を構築できてるんじゃないかと思います。

ただ、いくらノウハウがあるといっても、やっぱり生身の人間がやっていることだからミスも起こりうると思います。そうなったら、その時は絶対に誰かが責任を取らされるっていう。

日本でもよく言う、「これ、誰かのクビが飛んじゃうぞ」みたいな言葉がありますけど、日本では結局、誰かのクビは飛ばないじゃないですか。いつもうやむやになって終わるんですけど、アメリカでは実際に誰かのクビが本当に飛びますからね。

とにかくアメリカ社会では、いかにお金をメイクすることができるか？　これに尽きますよね。

そこで、周りが「こいつはカネになる」と思ったらとことん引き上げてやろうという動

「潔癖性のレフェリー、デニーロと」

きになり、そうなった時にこっちは引き上げられるだけ引きあげてもらおうとなるのか？そこでプレッシャーに押し潰されてしまうのか？

僕のタイプは、「役職が人間を作る」じゃないですけど、背伸びをしたぶんだけ本当に伸びちゃうというのがこれまでの歴史だったなとは思います。できないことを「できる」と言って、できてきた人間ですから、たぶん（笑）。

かつ、内側の人間にもしっかりとわかる形で結果というか、及第点をたたき出してきたと思っていますし、WWEで過ごしてきたこの1年にしても、期待通りのものとそれ以上のものを残せてきているかなというのが正直な思いですね。

やっぱり、仕事に従事する姿勢というのは、その人の人生観でもありますから。

中にはぱっと見では緊張感があまり感じられないオールドスクールなタイプのレスラーもいますけど、でもどこかスイッチを入れるべきところではちゃんと入れてるんでしょうね。

あとは傾向として、やっぱりレスラーはみんな人間的なアクが強いなとは感じますね。場面場面で変わるんでしょうけど、素の状態で本人が醸し出している色こそがリング上でキャラクターと呼ばれるもののベースとなっていることは間違いないですから。

年齢やキャリアは関係ない

そういう個々のアクが強いという部分もありながら、「全員が団結してひとつのいいものを作ろう」という関係性が強固なのがNXTでしょうね。NXTに関してはそういうチーム感というものをものすごく感じましたよね。スマックダウンに関しては、そこはどうなんだろうなと、まだ状況把握をしようとしているところですね。

NXTは本当に絶妙なバランスで成り立っていて、若い選手たちは当然、上に上がってやろう、みんなよりも頭ひとつ抜け出てやろうっていう野心が確実にあるわけじゃないですか。一方で、そういう野心とは別に「チームとして一丸となってがんばろう」という気持ちもある。それはね、同じ釜の飯を食った仲間じゃないですけど、やっぱり常日頃からパフォーマンスセンターで行動を共にしてるからという部分が大きいんじゃないかなと思いますね。

たとえばパフォーマンスセンターに来なくていい契約の元ＴＮＡの選手とかも何人かいましたけど、そういう選手とはやっぱり空気感が違うんですよ。共有ができないというか。そういう選手たちのことをパフォーマンスセンターにいるレスラーたちは「お前はいいよな、どういう契約か知らないけどさ」というような感じで見ているんですよね。

ただ、僕に関してはそういう若い彼らと同じように行動してきましたから、そういう意味では一緒に肩を組めるような雰囲気ではあったんですよね。そういう絶妙な形で連帯感が生まれる場所がパフォーマンスセンターだったと思いますね。

もともと、僕が後輩を可愛がることが得意っていうか、好きっていうのもありますし（笑）。ＮＸＴはほとんど後輩しかいない空間でしたからね。

僕に対して、歳下のやつが「シンスケは英語がつたないから、俺が代わりにやってやるよ」とかって偉そうに言う奴もいるわけですよ（笑）。こっちもそれに対して「サンキュー」って。

こういうノリというか文化も、日本じゃいくら頭で理解していても、なかなか根付かない部分でしょうね。だからどんなに大人になっても、「お前いくつ？」とか「あっ、早生

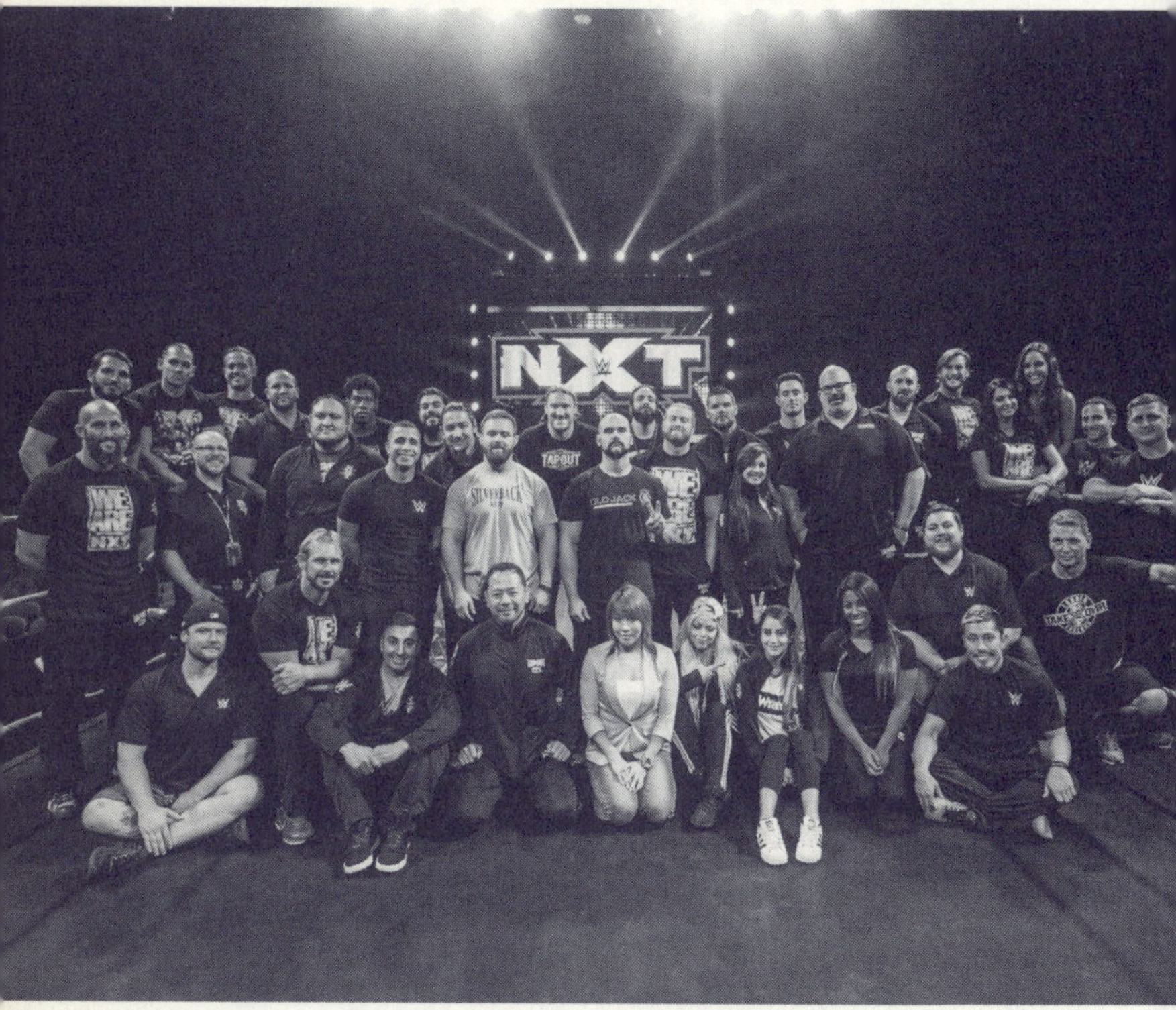

「NXTの日本〜オーストラリアツアーを終えた時の集合写真」

まれってことは学年一個上?」っていう会話が横行してますもんね(笑)。

アメリカでは日本ほどお互いの年齢を気にしませんから、確かに敬語とか丁寧に話す言葉もありますけど。必要以上に年齢で壁はできないので僕も溶け込みやすかったし、仲間意識は強くなりましたね。まあ、役職とかの格によって対応が違ったりは当然あるでしょうけど、人間関係というのは日本よりももっともっとフランクではありますよね。

最後はレスラーの力量

繰り返しますが、僕の言うビジネスというのは、あくまでWWEの、そしてレスラー目線での話ですから、アメリカの一般社会全体のことを指しているわけではないですが、でも、完全なる実力主義という点では、そんなに相違はないのかなと思っています。

ただ、WWEのオフィスの人たちはレスラーよりももっとファミリーな雰囲気ですね。オフィスの人たちのほうが年間を通して共に過ごす時間というのが多いからなのかもしれないですけど、たとえばリングクルーだとか、コネチカットにいる社員さんのほうが、

「MSGでの試合前に立ち寄って練習をしたニューヨークのアルティメットジム」

トップが世襲なだけあって、関係性を築いてきた時間も長いでしょうし、とてもファミリー感のある組織なんですよね。だから長年勤めている女性の方もいらっしゃいますし、昔からスタッフだった男性なんかは、大御所らしく「昔はここでこういう話し合いをしたもんだよ」と昔話に花を咲かせることが好きな人とかもいますしね。そういう歴史の語り部、まさに生き字引っていう。

もともと、WWEに移籍をする前から「世界最大の団体の経営を内側から覗いてみたい」という視点、好奇心は持っていましたから、そこはやっぱり注視していますね。思ったよりも意外にシンプルだったりとか、お金のかけ方はどこに対してどのようにかけているのかとか。やっぱり目に見えるところにはめちゃくちゃお金をかけていますよね。そして「どう見せたいか？」という部分にもやっぱりお金をかけている。

ただ結局、リング上のレスリングというものは、そうしたビジネス規模の大小に関わらず、世界共通というか、最後はなんだかんだ言ってやっぱりレスラーの力量によるところが大きいんだということが再確認できた部分もあるんですよ。

要するにWWEにしても、レスラーがレシピ通りにやってみたとしても、「それをどれだけ美味しく作ることができるか?」っていうのはレスラーの力量が問われるところであり、腕の見せ所ですから。

アメリカのプロレスファン気質

日本にいた時もそうでしたけど、普段の日常生活の中でプロレスファンから話しかけられることはけっこうありますね。

先日もペットショップに寄ったら、店員から「ビッグファン!」って言われたから「安くしてくれるの?」って聞いたら、「それは無理だ」って言われたばっかりなんですけど(笑)。

プロレスラーとしてのステータスに関してはどうなんだろう? 日米の差ってあるのかな? そこは深く気にしたことがないです。だけど、こっちはわりと軽いノリで来てくれるので僕も対応しやすいっていうのはありますね。こないだなんかも空港のイミグレーション(出入国管理)でスタンプを押してくれる人から「うわっ、マジかよ!? シンスケ・

ナカムラだよ！」って言われてね（笑）。「本名だったんだね、マジで」とか言いながら、僕はいまビザの関係でもうひとつスタンプがいるってことで、その人はいきなり自分の持ち場を離れて一緒に連れて行ってくれましたからね。その連れて行ってくれる最中にいきなりスマホのフェイスタイムを開いて、何をするのかと思ったら息子と会話をはじめてるんですよ。「お父さんはいま誰と一緒にいると思う？」って、それでスマホの画面にお子さんの顔が映っていて、その子が口を開いて「あーっ！　キング・オブ・ストロングスタイル！」って（笑）。そんなことがちょいちょいあるので面白いですけどね。

そういう気軽な感じで接してくれるとこっちも楽ですよね。

僕個人はなぜだか南米のファンに好かれがちなんですよね。とにかくめっちゃ反応がいいんですよ。たとえばコスタリカとかに行くと、がんばって書いてくれたんでしょうね、日本語の応援ボードを持ってきてくれてたりしますからね。彼らはオンTVっていうよりもネットで観てるだろうから、逆にそういう人たちに僕は強く響いてるのかもしれないですね。

ラテンのノリとの関係性はあるのかなあ？　わかりませんけど、ラテンの食べ物は大好

「助かります」

きですけどね（笑）。

#05

アメリカでの日常　PART2

英語は伝わればOK

現代はパソコンやスマホがあるおかげで、海外で生活をしていても日本語の活字の情報が入手できたり、あるいは日本のテレビ番組がほぼリアルタイムで観ることができたりして、あまり日本語が恋しくならないという話をよく聞きますよね。

僕はあまりテレビは観ないほうなんですけど、そうだろうなって思います。ただ、常日頃から日本語に触れまくってると、全然英語がうまくならないというデメリットもあると思うんですよ。そこはちゃんとバランスをとったほうがいいでしょうね。

でもね、日本人は英語がしゃべれる、しゃべれないっていうことを気にしすぎって自分に言い聞かしてる（笑）。

こっちは普段のコミュニケーションは、ぶっちゃけ意味が通じればいい、って感じなんですよね。

なんでかというと、訛りが異常にたくさんあるからなんです。たとえば日本だとテレビ

「ツアーはレンタカーでアメリカ中を回ります」

に出て大阪弁をしゃべる人はいても、東北弁をしゃべってる人ってあまりいないですよね。アナウンサーにいたっては大阪弁も許されない。だけどアメリカは普通にインド訛り、中国訛り、フィリピン訛りとか数え切れないくらいの種類の訛りがあるんですよ。それにアメリカ国内だけでも南部訛りとか、英語でもイギリス英語、スコットランド英語、オーストラリア英語とかめちゃくちゃあるんですよ。だから僕がちょっと変なしゃべり方をしたとしても、「あっ、もう一回言って？　ああ、それね」みたいな感じなんですよ。伝わればOK、それがお前の喋り方ね、みたいな。

なので、発音にちょっと特徴があろうが日常生活とかコミュニケーションっていう部分では困ることもないですし、わからない単語が出てくれば「それはなんていう意味？」って聞けばわかることですから。

英語が拙いからという理由で海外に苦手意識を持つ日本人も少なからずいると思いますけど、そんなのは時間の問題だし、発音がネイティブじゃないからといってまったく気にすることではないんですよね、じつは。

お風呂問題

海外生活ではお風呂の問題もありますよね。僕たち日本人はお風呂が大好きだし、温泉だけはオリエンタルスーパーにも売ってないですし（笑）。

海外旅行をしたことがある人ならわかると思いますけど、ホテルでシャワーの水圧が異常に弱かったりするのはちょっとしたストレスですよね。最近たまたま耳にした話ですけど、かつてこっちに住んでいた日本人の駐在さんたちの奥様連中がみんなで集まって、アトランタによく行ったりしてたらしいんですよ。アトランタには大きなコリアンコミュニティがあって、アカスリとかコリアンスパがあるんですって。そこでお風呂にゆっくりつかって、現地のコリアンスーパーで食材や日本の日用品を買って帰ってくるっていう昔話なんですけど。その気持ち、わかるなーみたいな。

僕が借りている家にはないんですけど、こっちにも大きなバスタブがある家はあるんですよ。ホットタブっていうのかな？　ただ、それも日本みたいな感じじゃないし、そもそも白人の人たちはじっとお風呂につかっていられないでしょうしね。

車選びは慎重に

こっちに来てトラブルに遭ったこともあるんです。カードのスキミング被害です。ある日、身に覚えのない請求が来ていて、「おっ、これはスキミング被害に遭ってるな」とすぐに思って。全額返ってきてはいますけど、1度目は空港で、2度目はアウトレットかな？　それで2回ほどカードを作り直しましたね。

スキミングマシンって、どこか街角離れたガソリンスタンドのカードを入れるところに仕掛けられてることが多いみたいで、だから「ガソリンスタンドの端っこは利用するな」って言われたりしてますよ。でもそれぐらいかな、トラブルっていうのは。

クルマで事故りそうになったこともないですし。ただ、こっちのドライバーって面倒くさいのか、方向指示器を出さないんですよ。フロリダはけっこうヤンチャな運転が多いから、車間距離を取ることと、飛ばしてる車はどんどん抜かせるようにしてますけどね。

「オーランドに引っ越したばかりの頃、レンタカーでとりあえず海に行ってみた」

もちろん、こっちではクルマも買いました。それももうすぐ買いかえちゃうから言ってもいいですけど、今風のね、フォードのフレックス。昔でいうところのサーフバンっぽい感じでね、せっかくアメリカに来たんだからアメ車にしようと思ってこれを選んだんですよね。あとサーフボードが入るスペースがあるかどうかが絶対条件だから、フレックスにしました。

でも、どうなんだろう？ アメ車ってエンジンとか電気系統がちょっと不安ですね。車検もないし、ディーラーに出したばっかりなのにすぐにバッテリーが落ちたりだとか。「本当にチェックしてくれたの？」みたいな。

だから今度は日本車かドイツ車にしようかなと思っています。今狙ってるのが「これ、14人くらい乗れるな」みたいなやつなんですよ（笑）。じつはちょうど試乗にも行ってきたばかりで、それをいろいろ改造しちゃおうかなと。

僕は今度のクルマにはラグジュアリー感というのは求めていなくて、たとえばスポーツカーを買うような金額を出すようだったら、クルマの中にシャワーを付けたいと思っちゃうんですよね。シャワーとベッド、あとは冷蔵庫とか。「ワンルームじゃん」みたいなのが理想ですね。

バイクも一応中型免許を持っていて、学生時代なんかはバイクでよく移動もしてたんですけど、こっちでもしバイクで事故ったらほぼ即死でしょうね。スケボーどころの危険度じゃないから、乗ることはないと思います。

ヘアースタイルをいかにキープするか

服も好きですけど、もうこっちではほとんど買っていないですね。フロリダは普段着になるとTシャツと短パンで済みますから。ただWWEには一応ドレスコードがあるので、基本的にテレビマッチの会場入りをするときは、ジャケット、シャツ、綺麗なズボン、革靴っていうのがマストですね。仕事に対するリスペクトの表れということで、僕は嫌いじゃないですね。

だから、今のところ普段着は基本的に日本にいたときに着ていた服を回してる感じです。フロリダで買うことはほとんどないし、たまにツアー先でふらっと服屋に立ち寄って買うっていう程度ですかね。

それと僕のこの独特なヘアースタイルをキープするために床屋の存在が必要なわけですけど、こっちに来てからしばらくは切っていなかったんですよ。メンテナンスとしてバーバーショップに行って横を刈り上げてもらうくらいのことはしてたんですけど、いい加減伸びてきたなっていうときに日本人の知り合いが紹介してくれて、こっちに昔IKKOさんの師匠だったっていう女性がいて、その人の自宅に行ってちょろちょろっと切ってもらったりしましたね。それもまあ、定期的ではないですけど。

昔から海外に行った時、旅先の見知らぬ床屋に飛び込むってことが好きなんですけど、あれは冒険心であり、度胸試し的なアトラクションですよね。「どんなふうにされるかわからないぞ」っていう（笑）。

それは食と同じで、「大阪に行ったらたこ焼きを食え」みたいなもんで、床屋に飛び込むことでその土地が身近に感じられたりもするわけですよ。

そして、僕はそれであることを知ったんですよ。たとえばヒスパニックとかヨーロッパ系の人の生え際って直角だったりものすごく鋭利じゃないですか？　僕は子どもの頃から

「はじめてのアメリカン床屋。生え際を剃り込まれるのがラテン風」

あの生え際がすごく気になっていて、だけど生まれつきそうなっているんだろうなと思っていたんですよ。それが、たしかあれはモロッコのシャウエンっていう街で床屋に入ったときなんですけど、いきなり生え際を剃られたんですね。そこではじめて気づいたんですよ、「剃毛だったんだ」っていうことに。あのウソくさい生え際はやっぱりウソだったんだっていう、どうでもいい話なんですけど（笑）。

日本のスナックが恋しい

こっちではあまり夜に出歩くことがなくなったぶん、必然的にお酒の量が格段に減りましたね。ましてツアーに出てる間は車の運転もあるから、ホテルに着いてからビールの一杯でも飲むか飲まないかぐらいなんですよね。本当に酒量は以前よりもだいぶ減ったから、ダイエット的にも問題ないしっていう。ちゃんとたしなむ程度の飲み方ができていますね。

自宅ではもっぱら焼酎を飲むんですけど、これもねえ、日本の焼酎があまり手に入らなくて苦労するんですよね。めっちゃ高いレートで通販するしか手立てがなくて、もうね、

「マダム・タッソー・オーランドにて」

ヴィンテージウイスキー並みの値段なんですよ。だって焼酎のちっちゃいボトルが一本30ドルとか40ドルしますからね。「一升瓶が買えるじゃん!」と思って（笑）。

あとは日本にいるときに大好きだったスナックが恋しくなったりもしますね。カラオケと焼酎でうだうだと3〜4時間ぐらい過ごしたいなと思いますもん。あの時間は格別でしたよ、本当に。年老いたママから知らない孫の話を延々と聞かされるみたいな、最高のムダな時間ですよね、スナックって。

「あとに何も残らない」っていうのがすごいんですよ。しかもたまにね、人生の酸いも甘いも経験した大人たちが、こんな若造を相手に遺産相続の話とか、社会保険、年金がどうだとか、カネが足りねえとか、渋い愚痴を繰り広げてくるわけですよ。「知らねえよ、俺に言うなよ!」って思いますもん(笑)。

ああ、スナックは面白いですよねえ……。店内のインテリアとかも大好きで、日本独特の洋風っていうか。タバコの臭いが染み付いた絨毯とか、壁がチンチラだったりとか、「いったいどういう施工をしたんだよ!?」みたいな(笑)。スナックに足を一歩踏み入れると、全世界がちょっと濃い目のセピア色に見えますよね。まさにウイスキー色の世界っていう

「同じくマダム・タッソーにて。流行に敏感」

か。

しかもめっちゃ安くて、3000円とかで永遠の時を過ごすことができるし。それでママが作った夕飯の残り物だかなんなのか知らないですけど、お腹もいっぱいにさせてくれるし。

アメリカにも、カウンター席でバーテンダーがいて静かに飲めるってところはありますけどね、そこには焼酎もカラオケもないわけですよ。つまみも出てきやしない。だったら家で飲んで、イビキかいて寝てるほうが幸せかなあって思いますね。

絵が好きなのは血筋

絵も描きたいんですけどね、なかなかそういう時間がないですね。

やっぱり絵を描くことは子どもの頃から好きだったんですよね。小学校から帰ってくると毎日、広告チラシの裏にずっと絵を描いていましたよね。たぶん幼稚園のときからかな？　うちは親父がね、絵がうまかったらしいんですよ。あとは親父の弟とかもうまくて、その娘なんかは美術の道に進んで清水焼の絵付けとかをしていたんですよ。今も絵蝋燭っていう、ロウソクに絵を描く仕事をしているんですけど、だから絵が好きなのは血筋でしょうね。

だけど漫画家になろうとは思わなかったんですよね。ストーリーを考えられなかったから（笑）。漫画家って主演、監督、脚本みたいなものを全部つとめちゃえるわけじゃないですか。あの人たちは超人ですよ。でもそうですね、絵はもっと描きたいですよね。

テレビは本当にまったく観ないんですよね。語学力を上げるために観たほうがいいよとはよく言われるんですけど、まあ観ないです。アメリカはチャンネルがいっぱいあり過ぎるし。

むしろ語学力を上げるなら英語の本を読んだほうがいいと思っているので、本屋には行きますけど。まあ、それも読みたい本が見つかれば買うって感じで、本を読むのにも時間がかかりますからね。

僕はもともと小説とかはあまり読まないんですけど、ちょっと簡単な小学校高学年向けの小説を買ったりしましたけど、まだ開いてもいないですね（笑）。あとは英語で書かれている『スペイン語を学ぶ本』とか。参考書みたいなやつですね。英語もスペイン語もどっちも覚えられたらいいなとかぼんやり思っているんですよ。

犬を飼っている

アメリカに来てね、犬を飼ってるんです。

だけど、僕はもともと犬派じゃなくて猫派なんです。というか、むしろ犬は嫌いなんですよ（笑）。

だけど昔から犬には好かれていて、それがすごい嫌だったんですよね。「なんでこんなに好かれるのかな？」と思ったんですけど、たぶん、犬はあまりかまってくれない人のほうが好きなんじゃないかなって。

本当に犬が大好きで、もうムツゴロウさんばりに犬にベロベロする人っているじゃないですか？　じつは犬ってそういう人のことはあんまり好きじゃないんじゃないかなと。たぶん、そんなにベロベロしてきて「お前は犬か？」って下に思ってると思うんですよ（笑）。

「仔犬に与えた最初のオモチャ」

だけど犬ってやっぱり子分気質だから、ちょっぴりひん曲がった恋愛体質の男みたいな感じなんですよね。ツンケンしてイジメてくるような女のほうが好きみたいな。自分をフった女のことをいつまでも愛してるような男みたいなのが犬なんじゃないかと思っていて。ごめんなさいね、嫌いフィルターがかかりまくってる犬分析で……。

だけど、昨年（2016年）の10月終わり頃から犬を飼ってるんです（笑）。オーストラリアンシェパードって犬種で、ブリーダーから譲ってもらったんですね。犬のいる生活というのは、散歩に連れて行かなきゃいけないし、トイレの処理もしなきゃいけないしで面倒くさいですよね。餌代もかかりますし。

だけどねえ、犬に対する愛情もまあ芽生えてるんですよね、これが。雌なんですけど、僕とはいい距離感というか、スケボーに乗せて一緒に遊んだりもしてるんですよ。

#06

NXTでの1年

世界標準のレスリングが学べる場所

ＮＸＴというオーランドを本拠地とするＷＷＥ第3のブランド、その正体というか実態を一言で言うなら「ハングリー精神の塊」のようなところでしたね。そしてＷＷＥ的な規制の中で、レベルの高いレスリングが求められる場所、それがＮＸＴです。だから、いくらインディーで馴らしていたといっても苦戦を強いられるレスラーはいますから。「インディーでどれだけ人気だったか知らないけど」っていうところなんですよね。老若男女、世界中のＷＷＥファンとの勝負が待っているわけですから。そこではレスリング技術のみならず、プラスアルファの何かが求められていきますよね。

そしてやっぱりパフォーマンスセンターの存在というのは、ＮＸＴを語る上で欠かせないですよね。

パフォーマンスセンターの何がすごいってね、ロビー・ブルックサイド、ノーマン・スマイリー、トニー・セントクレアー、テリー・テイラー、ショーン・マイケルズ、スコッ

「サウスウエスト航空の飛行機のコックピット。なぜか乗せてくれた(笑)」

ティ・Ⅱ・ホッティ、マット・ブルーム（＝ジャイアント・バーナード）、サラ・ストックっていう錚々たるコーチ陣からレスリングを学べるわけですよ。さらに、その人たちに試合のチェックをされる、そして意見交換ができる。そのスペシャルな環境をいかにうまく利用することができるかどうかも重要な鍵ですね。

やっぱり、僕なんかはある程度の基礎とプラスアルファがあってNXTの中に入っていったから、そこでやるべきことは「どうやったらダイヤル調整ができるかな？」っていう部分なんです。そこをコーチとの意見交換を通じて学んだり、WWEのスタイルというか、アメリカンスタイルを理解しようとしたわけなので、それほど大変な作業ではなかったかなと思っています。コーチたちも僕に関しては「こうじゃなきゃいけない。こうしなさい」というレベルの指導ではなかったので。

たぶんね、それって新日本プロレスですでに学んできたことなんですよね。とくに外道さんからかな？

ユークス体制後に新日本の試合はたしかに変わったんです。そして、僕もその中から学んだもの、培ったものも多いんですね。それはプロレスの表面的なものではなくて、もっともっとベーシックな部分のことです。

それらがパフォーマンスセンターで教えていることと共通していたというか、プロレスというもののコアな部分だったんですよ。自分がこれまで大事にしてきたことは、ディテールっていうか、それは自分だと格闘技的なディテールだったり、所作だったりっていう部分ですよね。技がどうのとかではない部分。

だから、自分がこれまで学んできたことっていうのは間違いなかったって思えることができましたね。やっぱり大変な時期に一番学ぶじゃないですか。それぐらい新日本のレスリングもきっちりしてましたし、それはユークス期以降、新日本プロレスが世界中から呼ばれるようになったことが証明していますよね。自分たちも、世界標準のレスリングをやっていたという自負はありましたからね。

とにかく、そういう錚々たるコーチ陣をきっちりと揃えているというのがWWEの強みであり、カネをかけている部分ですよね。未来への投資といったところですよ。

日本の昭和プロレスファンにはおなじみのノーマン・スマイリーも元気でね、ビギナーというか、まだまだ若い選手たちのコーチを担当していて、よくNXTの選手の輪に入ってきては、いろんなレスリングの話をしてくれるんですよね。日本にゆかりがあるコーチ陣が多くて、ロビー・ブルックサイドとかはライガーさんの昔話を延々と話してくれるんですよ。ライガーさんは坊主頭で耳がわいていて、フランケンシュタインみたいだったから〝フランキー〟っていうあだ名だったとか、ノーマンからはUWFの頃の話で、いかにして試合に緊張感が生まれたのかとか、メキシコに行った時はこうだったとか、そういう話が多いですね。

それとこれはNXTに限らず、WWE全体で言えることですけど、人種の坩堝であるという部分。

本当にごちゃごちゃしているから、逆に各人種の特徴みたいなことはあまり意識しないんですけどね。ポーランド、中国、日本、オーストラリア、イギリス、スコットランド、アイルランド、イタリア系アメリカンとか、トレーナーに韓国人もいますし、本当にいろんな人種がいますよ。それでも人種によって特徴はそんなになくて、やっぱり人それぞれというか、個人がどうやって育ってきたかっていうことですよね。

パフォーマンスセンターではある種の基盤を作ることができて、本当によかったと思います。これから先に活躍するであろう人間と一緒に時間を過ごせたこと、コミュニケーションが取れたという部分も含めてよかったです。それとあそこにいる社員だとか、NXTのファンと出会えたことも。あのWWEの中でも濃いタイプのファンの人たち、ファンのベースを作れたっていうことは、ものすごくよかったなーと思いますね。

日本人スーパースターたち

NXTにはケンちゃん（ヒデオ・イタミ）とASUKAちゃんという日本人の同僚がいたのも楽しかったですね。

僕はASUKAちゃんが日本の女子プロレス界でどんな活動をしてきたのかっていうことや、人となりっていうか、キャラクターとかについてもあまり知らなかったんです。ある種ニュートラルに接していて、プライベートでも何度か食事に行ったりとかしましたけど、そこで僕が抱いていた印象は「ちょっと天然っぽい子だな」って感じだったんですけど、あとから「知的で売ってる」と知って驚いたりとかして（笑）。

本当にＡＳＵＫＡちゃんとはＮＸＴで出会うまで、まったく面識がなかったんですよね。だって僕、日本で女子プロレスラーと絡んだことはほぼないですから。下田美馬さんはメキシコで一緒だったけれど、豊田真奈美さん、神取忍さんあたりと一ファンとして会話をしたことがある程度ですし、あとは誰かの結婚式でたまたま会ったとかそんな感じなので。だけど、彼女はＮＸＴ女子王者として本当に頑張っていますよね。ある意味、日本人としては前人未到の活躍をしているし、試合もいいし、ＮＸＴには欠かせない存在になってますね。

ケンちゃんとも仲良くさせてもらって、やっぱり同じ日本人として情報を共有したいという部分もあっただろうし、僕もいい情報があれば教えてあげたいっていう部分もありましたし。

ケンちゃんはここまで何度も怪我をして、きつかったと思いますけど、ようやくＮＸＴのタイトルマッチまで漕ぎ着けたし、ここからの巻き返しを期待したいですよね。やっぱりケンちゃんは性格が真面目ですよね。レスラーってね、ケガをするととにかく精神的に焦るんです。たとえば、新日本でもＷＷＥでも次々とストーリー展開があるから、

「この写真、ASUKAちゃん本人も知らないと思うのでバレたら怒られる(笑)」

時間が過ぎるのが非常に早いわけじゃないですか。そこで1か月休むということはどういうことかと言うと、プロレス以外の世界だと半年以上の遅れを取るぐらいの気持ちになるんじゃないかな。野球でいうならワンシーズンを棒に振ったみたいな。

でもケンちゃんはプライベートでしっかりとリフレッシュする術も持っているし、ここからですよね。すげえ応援しています。

わずか3か月で日本凱旋

2016年7月1日・2日、『LIVE in JAPAN』で日本公演に出場しました。両国2連戦。

あの時、「こんなに早く帰ってきてすみません」と言ったのは本音です（笑）。4月1日にダラスでデビューしてわずか3か月ですからね。

そりゃあ僕も「早いな」とは思いましたけど、一方で、即戦力のタマとして扱われているっていうのが感じられて、自分が置かれている状況としては一安心だなと思いましたね。

「『テイクオーバー:ダラス』に向かうオーランド国際空港にて、ケンちゃんと」

あの時点での気持ちとしては「ゆくゆくはメインロースターとしてやっていくだろうから、そこらへんの選手とのコミュニケーションもあったほうがいいよな」っていう感じでした。

初日の昼に日本に到着して、そのままホテルに直行して日本のプレス向けの会見をやりましたけど、あの時、公の場にはじめてセス・ロリンズと一緒に出たんですよね。一瞬、「あ、俺のほうがタッパはあるな」とか思いました。

ただ、メインロースターの選手たちとは4月の『レッスルマニア』の時とかにひと通りの挨拶は済ませてたんですよ。『レッスルマニア』後のロウとかにも顔を出してりしてたので、そこで社員の方に連れられて、いろんなところを回らせてもらって、すれ違う選手やスタッフ、まああらかたの重要人物には挨拶を終えてましたね。

日本公演では、初日にクリス・ジェリコと試合をやりましたけど、「ジェリコ、欲しがるな～」って思いましたね。彼がそれぐらい日本という国を特別視してるんだっていう部分と、あとはどんなにキャリアを積んでいても試合に対する高いモチベーションが感じられましたよね。だからいい意味での欲深さというか、「絶対にいいものを見せてやろう、何かやってやろう」的なモチベーションが高くてすごいなと思いました。

そういう意欲みたいなものをベテランのレスラーから直接肌で感じられるのって、嬉しいもんですよ。「日本だから」っていうこととプラスして、あそこまで行く選手っていうのはこれぐらいのものを持ってるんだよねっていうところの確認ができたことが嬉しかった。

僕自身のマインドも、いくら母国とはいえ、「新しい入場曲で、WWEの選手として凱旋なんだ」っていう部分を念頭に置いていましたし、1年目の、スーパーマリオでいうところのスターを食った瞬間が続いていた感じはしますね。なんか変な自信があったっていうか、無敵状態だったような気がします。「俺、どこに行っても大丈夫」みたいな。

その自信は、根拠のあるものではあったと思うんですけど、「まったくネガティブなものが入り込まないほどの自信」っていうものを抱えていたと思います。いい意味で地に足がついてなかったというか、いいストリームがあって、その勢いにうまく自分の身を任せることができたのかなと。

でも、WWEの日本公演って雰囲気が独特ですよ。中邑真輔を観に来たファンと、もともとのWWEファンという2種類のお客さんがいたというか。それと世界各国で試合をしていて、アメリカ、ヨーロッパ、メキシコそれぞれにファンの気質ってありますけど、やっぱり「レスリングを見る」という意味では日本のファンが一番シビアでしょうね。

2日目の翌朝、ジェリコがやっているポッドキャスト番組に出させてもらったんですけど、あれは僕たちが宿泊していたホテルのジェリコの部屋で収録をしたんですよね。その時、ジェリコから「まあ、キミはゆくゆくはメインロースターに上がってチャンピオンになるわけだけど」みたいなことを言われたんですよね。それに関しては自分も当然そのつもりというか、「これからミスって50点以下を叩き出さなければそうだろうね」と内心、思いましたね。

じつはジェリコとは、会場で会ったりした時によく話はしてたんですよ。とくに『レッスルマニア』の打ち上げの席でけっこう話したんですよね。

やっぱり、日本経験者でつるんだりしていると、そこに先輩ヅラをしてやってくるわけですよ。「やあ、日本つながりの若人諸君!」みたいな（笑）。まあ、そういうところで共通の知り合いも多かったから、軽い会話も成立するわけで。それである日、突然知らない携帯番号から電話があって、「誰だろ?」と思って出たら、それがジェリコで、「日本でポ

「日本にゆかりのあるレスラーにとって、ジェリコは兄貴分的な存在」

ッドキャストやろうぜ！」っていうお誘いだったんですよね。

2日目の相手だったケビン・オーエンズとも何回も顔を合わせたことがあったので、けっこうすんなりと試合は進んだかなと思いますね。ストーリーラインがないぶん、ハウスショーならではの自由な雰囲気でできたかなって。ストーリーがないから試合内容で見せなきゃいけないという部分はありますけど、そこはお手の物じゃないけど、けっこう楽しめた試合ですね。

あの時の帰国でやったことで記憶にあるのは、アメリカの歯ブラシがどうもしっくりきてなかったので、コンビニで日本製の歯ブラシを爆買いしたのと、携帯電話を解約しに行ったことですかね。

じつは日本で使っていた携帯電話をそのままアメリカに持って行っていて、アメリカでも新たに契約をしていたから、しばらく二重契約をしていたんですよね。それで日本の携帯電話はアメリカからだと解約ができないらしいんですよ。だから、このタイミングしかないぞと思って、空いた時間に解約をしに行って。

当初は「日本食も爆食いだな」とか思ったりもしていたんですけど、やっぱり時差ボケの関係で、いきなりラーメンは食えないわけですよ（笑）。すっかりチャンスを逸しちゃった。まあ、公演終わりで夜も遅いしってことで、焼肉くらいは食べましたけどね。

日本公演の面白かったところとして、すでに日本での試合経験がある選手よりも、はじめて日本で試合をする選手のほうが緊張していたんですよね。やっぱり日本のお客さんの反応の仕方って独特じゃないですか。先ほども言いましたけど、レスリングをよく知っているっていう意味でも、応援の仕方がアメリカとは違うという意味でも、そこで非常に戸惑う選手がどうしても出てきますよね。

だから「彼らはレスリングをリスペクトしているから下手なことはできない」っていう感じの選手もいれば、「リアクションがちっちゃい日本人」と思ってる選手もいるでしょうけど、とにかくレスラーたちが普段とは違うピリつき方をしていたのは事実です。

そこで僕は、「日本人は義務教育で柔道をやるから、みんな受け身の仕方ひとつにしろ知っているからね」って言って、さらにアメリカのレスラーたちをビビらせたりして遊んでたんですけどね（笑）。

レスリングと訴訟社会

その後、NXTではオースティン・エリーズを破り、フィン・ベイラーを破り、サモア・ジョーとの抗争に突入するわけですけど、このあたりでも「このえも言われぬ自信はどこから来てんだよ？」ってぐらい自信満々に試合をしてましたよね。まあ、NXTのファンがコアだったから、僕との相性がよかったというのもあるんでしょうね。

そうして8月20日にジョーを破って、NXT王座を戴冠したわけですけど、まあ予定通りというか、やることなすこと全部うまくいくような感じはしましたよね。非常に順調だなと。

だから、やっぱりその時点ではすでにファンの反応がエグかったんですよ。ニューヨークで試合が終わったあと、もう地下鉄から、ストリートから、ファンのみんなが僕の曲で「オーオーオーオー」と合唱してるっていう。そういうある種、ちょっと異常な光景を作り出せてるぞっていう意味では、そりゃ順調だなと思っちゃいますよね。

だけど10月1日にヒデオ・イタミとタッグを組んだ試合でね、ケンちゃんが首をやっちゃったんですよね。試合後、僕の運転するクルマで一緒に帰ったんですけど、トレーナーとドクターからは「何かあったらすぐに連絡しろよ」って言われつつ、ケンちゃんの家まで送り届けたんですよね。そうしたら首が折れちゃってたと。「あー……」ってなりましたよね、やっぱり。

WWEはケガに関してはものすごく厳しいですね。というのは、アメリカ社会だからドクターがリスクを避けたがるんですよ。要するにドクターに責任がかかってくるから訴訟問題にならないように簡単には復帰のゴーサインを出せないっていう。

そして、たとえドクターからゴーサインが出たとしても、今度はトレーナーがパフォーマンスセンターで何回も動きをチェックして、それをクリアしてやっと試合復帰の許可が出るんですよ。だから、いくら自分では軽いケガだと思っていても、精密検査を受けてしまうといろんなケガが出てきて、「これは手術をしなきゃいけない」ってすぐに言われたりとか。本人は手術をしたくなくても、「私は手術をしろって言ったからね」みたいな念を押されたりするんですよね。

だから、ケンちゃんの場合はセカンドオピニオンの存在が幸いしたんですよ。日本のドクターに確認をするためにレントゲン写真を送ったら、「こんなので手術してたら日本からラグビー選手がいなくなっちゃうよ」みたいな感じだったらしんですよ。それで手術を回避することができたって言ってましたね。

まあ、レスラーの試合中に起こるケガの頻度というのは、たぶん日本と変わらないと思いますけど、NXTの場合は練習中のケガも多いですね。基礎体力のトレーニング、リング上のトレーニングと、いずれもけっこうハードなトレーニングなので。

ボビー・ルードとのNXTラストマッチ

8月にジョーからNXT王座を奪い、11月19日にそのジョーに敗れて王座転落、そして12月3日にNXT日本初上陸・大阪凱旋試合で王座奪還と。そして12月8日にはケージマッチまでやりましたから、「NXTにいた1年」という括りでいうと、サモア・ジョーとはけっこうな期間、抗争をしたことになりますよね。

「NXT大阪。YOSHI-HASHI、なんで俺のジャケット着てんだよ」

ジョーって見た目通り、重いんですよ。やっぱりサイズ＝強さですから、軽いジャブに見えても踏み込みがあるぶん重たいんですよ。だけど、それをかわす作業ばかりやってても自分の試合になってこないから、どうやってよりダイナミックに、どうやって効果的に自分の動きの見せ方をするかっていう課題はありましたよね。

なんか毎回、冷蔵庫が全力で飛んできたりするような感じだから大変な抗争でしたよ（笑）。

年が明けて、2017年1月末にNXTイヤーエンドアワードで、僕は「最優秀マルチレスラー」と「最優秀スーパースター」の二冠を獲得したわけなんですけど、「ベストバウト」は数票差で獲れなかったんですよね。僕は数の暴力に負けて三冠王になれなかったんです（笑）。

そうしてデビューをしてから、ちょうど丸1年の2017年4月1日、『テイクオーバー：オーランド』でのボビー・ルード戦がNXTラストマッチとなったわけですけど。

前日がインターナショナルメディアデーということで、各国の記者から個別に質問を受けたんですけど、まあ、誰もボビー・ルード戦については聞いてこないという（笑）。み

「仲間たち」

んな、「ロウとスマックダウン、どっちに上がりたい？」だとか、「メインロースターで闘いたい選手は？」みたいな質問ばっかりで、「そうか、俺はついに昇格するんだな」ってことを実感しちゃったりしてね。

だけど本当にね、こっちはロウとスマックダウンのどっちに行くかなんてことはわかってはいないわけですよ。「上に昇格なんだろうな」ってことくらいは思っていましたけど、あとから聞いたら、ＨＨＨは僕に「スマックダウンだ」と伝えたかったらしいんですけど、マット・ブルームが言うのを止めていたみたいですね。それはまあ、ボビー・ルード戦に集中させるためだったんだと思いますけどね。

ＮＸＴにいた1年というのは、本当に貴重な時間だったと思います。ＷＷＥの基礎を学べたっていうところはありますし、いろんな往年の名レスラーからの講義も受けることができましたし。いろんな選手と意見交換することができたり、アドバイスをもらったりっていうことで、そういう試合のクオリティを一番に考えて作り上げようとしている雰囲気の中で試合ができたのは最高でしたね。

とくにＮＸＴ最後のボビー・ルード戦なんかでも、ショーン・マイケルズがすごく気を遣ってくれて、「試合のプランはどうなんだ?」って試合についての考え方を説いてくれたりとかして。最後のボビー・ルード戦は、僕はけっこう好みの試合ですね。かつボビー・ルードというレスラーも好きです。

ボビーはとてもマルチな選手で、派手な技はないんですけど、数少ない技の中でやりくりしていくというのがけっこう僕好みなんですよね。必要最小限で魅せようとするし、インサイドワークだったり、そこらへんに哀愁を感じたりとかですね。僕もそういうレスリングが好きだから、そこに乗っちゃいたいなっていう部分もあったり。お互いに経験があったからこそ、そこら辺での探り合いをすることが心地よかったです。とくにダンプカーが突っ込んでくるようなサモア・ジョーとの抗争とのギャップが心地よかったというか(笑)。ボビーとは頭を使わなきゃいけないレスリングだったから楽しかったですよね。

日米のサイコロジーの違い

本当にNXTでの1年間というのは大きかったです。だって僕自身、新日本時代から変わったことってたくさんありますからね。

プロレスのイロハなんていうのは、それまで実地でしか学んできていなかったものが、座学で他人からその人の経験を元にした教育的な意見、基本的なアメリカのスタイルが学べたっていうのも大きかったですし。

日本で言うところの「アメリカンスタイル」っていう部分と、アメリカで言うところの「WWEスタイル」、これにはもう明らかな違いがあるわけですよね。細かくは教えませんが（笑）、そこらへんの違いだったりを現場できっちりと学ぶことができたっていう部分も大きいですね。

まあ、レスラーでしか知り得ないことだとは思いますけど、あとは観客をコントロールするための日米でのサイコロジーの違いですね。

やっぱり、アメリカは「見てもらう」というエンターテインメントとしての意識がとても強いから、その「見てもらうためには」っていう部分で、いかに観客を手のひらに乗せるかというところに注力していますよね。

日本はどちらかと言うと「その場で」っていうアドリブに頼る部分が大きいけど、アメリカは「用意周到に」といったところでしょうね。そこには国民性の違いもあると思っていて、アメリカ人はとにかくノリたがるっていうのもあるけど、日本のプロレスはどこかで懐疑的な部分も払拭できていないから、お客さんは腕を組んで見るものみたいなところもあるし。

なにより、アメリカ人って「ぶっつけ本番」とかが嫌いなんですよね。場当たり的にというか、一か八か的に曖昧に物事を進めることが嫌いだから、あらゆることを分析するんですよね。そうして分析をするからこそ、他人に言葉で伝えたり、説明したりするのがうまいんですよ。そうして言葉として聞くと、こっちも「ああ、自然にやっていたことだけど、そういうことだったのね」っていう確認作業ができるんですよね。それっていうのは本当に貴重な経験だったと思いますよ。

あとは、とくにオールドスクールのレスラーは、自分たちがケガでどれだけ苦労してきたかということも語れるわけじゃないですか。ケガによって選手生命にどれだけの影響を与えるかとか、そういう部分でのリスクを避けるためにはどうしたらいいのかとか。そういう蓄積された経験からもらえるアドバイスというのは非常にタメになりましたね。

それとWWEでコーチをしていながら、現在の主流となっているレスリングへの警鐘もちゃんとあったりするんですよね。「もう一度レスリングを見つめ直そうよ」っていう教えに基づいているんです。まあ、それに反発する選手もいますよ。若い選手はどうしても血気盛んだから、「俺はもっとリスクの高い試合をしたいんだ。エキサイティングな試合がしたいんだ」っていう感じで。僕としてはその気持ちもわからないでもないし、かといって教える側としては「俺は首の手術を5回した。いまだにここにボルトが入っているんだよ」とか、けっこう生々しい体験談とともに警鐘を鳴らしてくるんです。だから、試合の分析だったり、日本ではなかった角度からの試合へのアプローチっていうのは非常に面白かったですし、そういう「レスリングを見つめ直そう」という部分にも誠実さが感じられたりはしましたよね。

NXTはHHHの情熱とセンスの結晶

NXTのラストマッチでボビー・ルードに敗れて、試合後にNXTファンから「サンキユー・シンスケ!」の大合唱が聞こえてきた時は、やっぱり感慨深いものがありました。NXTでの1年、いろんな思いがこみ上げてきました。

パフォーマンスセンターの話はこれまでに散々しましたけど、あそこは本当にプロレスの学校みたいで、カリキュラムがしっかりしていて、きっちり管理もされているけど、その代わりにコーチがいて、クラスがあって、非常に手厚いわけですよね。

チームという感覚が強くて、選手同士の繋がりとか、選手とコーチの信頼感だとか、そういうものを築き上げられてきた1年だったなと改めて思います。それらはすべて、NXTの最高責任者であるHHHが中心になって、彼がものすごく力を入れているというか、愛情を注いでいるからこそできた環境だったと言っていいでしょうね。

そこで僕もある種、みんなと同じようにボトムからやってこれたという。それまでの経験値というものがあって、鳴り物入りといえば鳴り物入りだったんでしょうけど、じつはフロリダのハウスショーでは若い選手たちと一緒にリング作りもやったりもしていたんです。もちろん、みんなと同じ時間帯にパフォーマンスセンターに行って、一緒にトレーニングをしたりもしていましたし。

そもそも、レスラーなんていうのは集団行動や団体行動ができない、無理だっていう人間ばっかりの集まりで、ご多分に漏れず、僕自身もそういう側面があるのかもしれない。なのに、NXTではそういうチームとしての行動が楽しめた、1年間もうっかり楽しんじゃったっていうところがあるんですね。

ウイリアム・リーガルが、WWEモバイルのインタビューで僕に関することを話しているのを読んだんですけど、「日本から家族と一緒にやってきてWWEに所属をするっていうことはものすごく大変なことだから、最初は慣れさせるためにNXTに1年間いてもらったんだ」って言っていて、ああ、それは生活面では本当に助かったなあって。

レスラー人生初の週末休暇や有給休暇などを享受しつつ、また先々のスケジュールがハッキリとしているぶん、プロレスのキャリア以外の部分でも、人生における重要な時間を過ごすことができたなと思いますね。

あらためて、NXTとはHHHが生み出したWWE第3のブランドなわけですけど、最初は全然客が入らなかったりとかして、デベロップメント（開発）の最中だったものが、『テイクオーバー』というビッグマッチを重ねることによって、1万5千人収容の会場を

「NXTラストマッチの『テイクオーバー:オーランド』」

即ソールドアウトさせたりとか、リング上ではレスリングの質の向上を目指していった。そういうＨＨＨの情熱をもってして、今やＷＷＥの中でもとても重要なブランドとなっている。

そして、これはＨＨＨの好みなんだと思いますけど、ＮＸＴってちょっとハードコア寄りではありますけど、どこかスタイリッシュですよね。ロゴだったり、リングだったり、会場の雰囲気だったり。当然、イベントはすべてＨＨＨが仕切っていますから、そういう端々に彼のセンスが反映されていますよね。

４月の『テイクオーバー』が終わったあと、バックステージでＨＨＨが「本当はもっと早くメインロースターに行くべきだったんだろうけど、１年間ここでやってくれてＮＸＴのレベルを向上させてくれた」とものすごく感謝してくれたんです。

もっと前の段階で、「ビンスがシンスケを早く上にあげろと言ってるらしい」という声も聞こえてはいましたけど、最後にＨＨＨがそうやってみんなの前でスピーチをやったあとに、僕にサーフボードをプレゼントしてくれたんですよ。嬉しかったですよね、それは。

#07

スマックダウン昇格

スマックダウン所属を知ったのは2日前

NXTを卒業して、いよいよメインロースターへと上がるわけですけど、「これは信じてもらえないかもしれないけど本当の話だよ」っていうところでは、自分がロウとスマックダウンのどっちに行くのかを知るのは、4月1日に『テイクオーバー』が終わってその翌日とかなんですよ。

4月4日にスマックダウンのリングにはじめて登場したわけですから、自分がスマックダウン所属になるということを知ったのは2日前。1年前のNXTデビュー戦と同じく、またもや慌ただしすぎっていう（笑）。

だけど僕の中で、スマックダウンとロウ、どっちがいいという希望もとくになかったんですよね。どっちに行くことになってもよくわかっていないから（笑）。自分にとってはどちらもまったく新しい環境であることに違いはないから、「どっちでもよかったです」というのが正直な気持ちですね。

だから2日前に「お前はブルーだ」って言われて、「おっ、スマックダウンか」っていう。ロウのことは「レッド」と呼んでいて、スマックダウンは「ブルー」という呼称があるんですよ。

そうしてやはりというか、案の定というか、NXTとスマックダウンとでは環境も何もかもがガラッと変わりましたね。

HHHのスピリット的なものから発生していたNXTの一体感というのが、スマックダウンにはないですし、まったく一体感がないというわけではないですけども、もっと選手が独立的というか。個々のレスラーのエゴが強くなったり、ある種NXTのように組織としてきっちりと守られているという部分がないぶん、ちょっとだけ現場がピリピリしているなっていうのは感じますね。これは僕個人が感じるところなので、人によって感じ方は違うと思いますけど、「ここはちょっと流されるとマズイ場所だな」とは思いますね。

また、会場入りではスーツ着用、もしくはカジュアルだったとしても革靴とジャケット、シャツとかっていうドレスコードがメインロースターには一応あるんです。そこはTAPOUTっていうWWEが持っているスポーツブランドを着ていれば大丈夫みたいなルールもあるんですけど、自分は一応キレイな格好をして会場に行こうとは努めていますね。上の選手がゆるい格好をしてるから、「じゃあ、俺もいいか」みたいな感じに1週間くらいでなって、すぐにだらけちゃう選手もいるわけですよね。まあ、それは人それぞれの感性だからどうでもいいんですけど、ただ、自ら規律をゆるめてしまうと、際限なくダラダラといっちゃうんだろうなとは思いますね。

スマックダウンでも一応の管理はされていますけど、レスラーの自己管理に委ねられているという部分は大きいです。べつに服装だけの話じゃなくて、選手によってはものすごくプロフェッショナルに自己管理ができている人もいますし。

それと、スマックダウンの選手はそれぞれがレスリングに対してものすごくプライドを持っているから、意見の衝突というのも多々あります。そういう意味でも、自分は現時点では様子見のところはありますね。少しずつスケジュールにも慣れてきたっていうのはあるんですけど、良くも悪くもまだまだ現場に対する緊張感はありますよ。

とにかく、お得意のというか僕の大好きな〝様子見〟で（笑）、いろいろとスマックダウンの現場を探っているところです。

スーパースター全員がスペシャリストである

4月4日、オーランドでの『スマックダウンLIVE』がメインロースターの初陣だったんですけど、やっぱり緊張はしましたよね。

あの日は単なる入場だけだったんですけど、それでも「ちゃんとできるかな」っていう。NXTにガッツリと浸かっていたぶん、メインロースターと言われてる人たちに対して気後れじゃないけど、「うっ」っていう感覚があったんですよね。やっぱり環境が変わったわけだから、知らないスタッフも増えるということに対する緊張感もありましたしね。「みんな稼いでるんだろうな〜」「たくさんカネ持ってるんだろうな〜」というゲスい目も若干ありつつで（笑）。

だから選手だけじゃなくてスタッフにしても、あの現場にいるってことは、みんな何かしらのスペシャリストなんですよね。最初の登場で一瞬しか絡みませんでしたけど、たとえばザ・ミズがずっとPPVに入っているのはあのベシャリを持っているからですよね。

たぶん、ベシャリが彼の一番の得意分野だと思うんですけど、そういう個々が持つ武器ですよね。そういうものを実際に見ると、「自分の武器は何だ?」っていうところで再確認したりとかですね、自分で処理しなきゃいけない情報がバーッと出てくるわけですよね。

とにかく初登場の時は、生放送だからヘタを打てないというか、まあ、ミスもミスではなくなるんですけど、やっぱり生の緊張感というのがすごかったですよね。NXTでも生の経験はあったんですけど、スケールが一気に三段階ぐらい上がるから、そういう意味でも緊張はしましたね。あとは客席にウェルカムボードが「ここ、空港かよ?」ぐらいの感じでたくさん掲げられているのが目に入ったので(笑)。

逆に試合がなくて入場だけっていうのも緊張した要因かもしれないですね。どういう格好をして入場しようかなとか、とにかく悩みまくりましたよ。NXTの中邑真輔を見たことがないお客さんも圧倒的な数いるわけですから、とりあえず「中邑真輔=赤色」の印象だけでもまずは植え付けようと思って上下を赤にしたんですけどね。

スマックダウン昇格以降は、まずはドルフ・ジグラーとの抗争がスタートするわけですけど、アイツはいいレスラーですね。オールラウンダー過ぎるっていうところがたまにキズですけど、技のタイミングだとか試合の組み立てっていうものには、ものすごいセンスを感じますよ。

ジグラーへの評価としては、一軍に昇格したての中邑真輔と当てられるっていう部分でも、やっぱりレスリングテクニックを買われているんですよね。だから、昇格してきた人間と当てられるっていうパターンが多いんですよ。

だから「全員がスペシャリスト」っていうのはそういうところですよ。みんな必ず何かに長けている。たとえ何かに長けていなかったとしても身体のサイズだけはがっつりあるぞとか、やっぱり「そこにいる理由」っていうのが必ず何かありますね。

それで5月22日にシカゴでのスマックダウン公式デビュー戦をジグラーとやりましたけど、ひょっとしたら首脳陣は僕に一方的にバチンバチンやって、戦慄のデビューを飾ってほしかったのかもしれないですけど、やっぱりジグラーはしっかりとしたレスリングができるから、彼とやるプロレスが面白すぎて攻防しちゃったんですよね。

WWEの連続するストーリー

WWEのストーリーについては、なんて言ったらいいんだろう。みなさんが思っているイメージとはだいぶ違うとは思いますね。いい意味で行き当たりばったりということが多々あるんです。

やっぱり手法としては興行というよりもテレビ番組の作り方なんですよ。テレビで見せたいシーンっていうのが前提としてあって、たとえばCM中にいくらやられていようが、CM明けにやり返していればテレビではずっと攻めているっていう絵面になる。そうなったら「こいつは強いな」っていう印象を与えることになる。あるいは試合中に転機となるシーンはきっちりオンエア中にやろうとか。そういう部分のコントロールは日本よりもはるかに難しいです。日本だと普通に試合をして、映像はあとで編集をしてもらうっていう感じですから。

ただ、その逆もあって、テレビの視聴者だけじゃなく、当然会場に観に来てくれているお客さんのことも考えている。たとえばテレビ番組としてはバッドエンドで終わったとしても、ライブのお客さんを満足させるために、そのあとに「ダークメインイベント」っていうのがあったりするんですね。要するにお腹いっぱいにしておいて、デザートも用意して、お土産まで持たせますっていう感じで。とにかく日本のプロレスとはシステムがまったく違いますよね。

エンターテインメントの部分でいえば、やっぱり最終決定権はビンスにあるんですよ。たとえば僕は試合中に着けているマウスピースをしたままトークも喋るんですけど、正直喋りづらいですよ。でも、それはビンスが「着けておけ」と言ったからなんですよね。その理由ははっきりとは聞いてないんですけど、僕の解釈としては、黒いマウスピースをしていたほうが気持ち悪く映るからでしょうね。お歯黒みたいだし、ニヤッとした時に異様な雰囲気を与えるというか。「それもひとつのフックとして使え」ということなんでしょうね。

そもそも、僕も試合中にやる東洋人のニヤリとした笑い方は、相手にも観客にも不気味に映る効果があると思ってはじめたことですからね。きっとビンスはそこをさらに推し進めようとしてるんですよね。だから見る者に「あれ？　なんだかこいつは変だぞ」ってひとつでもハテナがついたらもうこっちのもんでしょうね。

ビンスにそう言われたもんだから、急きょ僕の歯型を持っている日本の歯医者さんに連絡をして、喋りやすいように薄いマウスピースを作ってもらったんですよ。「先生、急いで作ってください！」って（笑）。出来上がったら翌週から着けなくていいって、そりゃないよって（涙）。

ついでに言うと、コスチューム問題っていうのもありますよね。日本にいた時は本当に多種多様なコスチュームを作ってきましたから。

ＷＷＥにもコスチューム制作をしているシームストレスっていう人たちが何人かはいるんですよ。かつてシームストレスをやっていたけど、ツアーを回るのがキツイから辞めちゃったっていう人を紹介してもらって、１回コスチュームを作ってもらったんですけど、まあ、日本のコスチューム屋さんはいい仕事をしてくれていたなと思いますね。やっぱり僕にとって重要なのは細部なんですよ。それを丁寧に再現してくれていたのは日本の職人さんですから。

「マウスピースは鎌倉の歯医者さんに作ってもらってます」

今度はまた違う人に頼んでみようかなと思ってるんですけど、デザインに関してはもちろん自分でやっていて、簡単なラフを描きつつ、過去に使っていたコスチュームの写真だったり、イメージの参考となるような写真を見せたりしてやりとりをしています。やっぱり直接会って打ち合わせができないとまず失敗しますから。

プロレスのコスチュームってけっこう大変なんですよ。耐久性も求められるし、舞台映えもしなきゃいけないし。そういう意味で日本でお願いをしていたコスチューム屋さんは最高だったんですけどね。

そういう時は日本の職人さんたちの優秀さを痛感したりします。パティシエやシェフも一緒ですよね。ヨーロッパに修行に行ったはいいけど、多くを学んだのは日本だったっていうパターンもよく聞きますもんね。

毎週火曜日に会う戸澤くん

2016年の11月からWWEのクルーザー級部門が正式に新設されて、『205Liv

e』って言うんですけど、205っていうのは205ポンド、すなわちクルーザー級を意味してるんです。

クルーザー級トーナメント出場を経てWWEに入団した、元ドラゴンゲートの戸澤陽くんが『205Live』にいるので、僕とは『スマックダウンLIVE』の時に会場で一緒になるんですよ。『205Live』ができたばかりの頃はまだスケジュールが固定されていなくて、NXTと混ざったような感じだったんですけど、いまはロウとスマックダウンでやっているので、毎週火曜日には戸澤くんに会えるんですよ。

僕もずっとツアーに出ていて英語ばっかしゃべってるので、日本語がしゃべりたいから戸澤くんを捕まえて会話をするんですけど、ノリというかお笑いポイントがちょっと似てるんですよね。シュールさ加減、ツッコミたいところのポイントもけっこう似てるし。まあ、いつもふたりでしょうもない話ばっかしてますね。だから、たまにふたりで悪ノリしてASUKAちゃんをイジると本人からものすごい形相でにらまれたりとかして（笑）。ASUKAちゃんも関西ですけど、自分のことを「ワテ」って呼ぶのはちょっと僕らとは種類の違う関西人なのかなって（笑）。

まあ、そんな感じで戸澤くんとは週一で会っていてね、彼はすごくWWEの現場に馴染んでいますね。やっぱりアメリカ経験もあるし、ドラゲーで海外修行してた時に絡みがあったレスラーたちとも『205Live』で再会しているので、馴染むのは早かったですよね。彼がこっちに来てわりとすぐの頃、僕が「試合中に〝アー!〟って叫ぶのはいいよ。叫びまくったほうがいい」って言ったんですよ。あと試合の組み立てに関してもちょっとだけアドバイスをしましたね。

でも、もともと戸澤くんはキャラクターがありますからね。ハートも大きい男だし。今はタイタス・オニールと〝TitusWorldwide〟っていうストーリーに絡んでいるので、はたから見ていても面白いですよ。やっぱりNXTを経験しないでいきなり『205Live』でデビューマッチだったりしたから、覚えられるようなキャラクターがないとストーリーには絡めないんですよ。でも、戸澤くんにしても僕にしても「日本人」っていうだけでキャラクターという部分があって、そこにはネガティブな要素も含まれているけど強みでもあるから。とにかくレスラーの数だけはたくさんいるんだから、常に試合が組まれるようにならないといけない。マスカラ・ドラダもテレビでは試合が全然組ま

「戸澤くんは右も左もわかっていない感じではない。“わかっている男・戸澤”」

れないという厳しい世界ですよ。戸澤くんもそういうシビアな競争を勝ち上がって欲しいですよね。

刺激を受けたスーパースターたち

スマックダウンに上がりはじめた頃、マスコミから「今後、戦いたい選手は?」と聞かれて、僕は確かAJスタイルズ、ランディ・オートン、ジョン・シナあたりの名前を挙げたと思うんですけど、それはとりあえず有名どころの名前を出してみたっていうところもありつつも、本音としてその辺の選手との抗争を味わいたいなと思っていますね。オートンとシナとではタイプが違いますけど、築き上げてきたものっていうところでまったく別物のレスリングテクニックがふたりの中にはあるんですよ。それはハウスショーで見ていても超面白いんですよね。「彼らのレスリングを自分のレスリングと混ぜてみたいな。混ぜたらどうなるんだろう?」っていうこともすごく感じているんです。でも、わからないですよ? 戦っている僕らからしたら面白いかもしれないけど、一般的に見たらつまらなくなるかもしれないし。WWEのスーパースターたちは、みんなそれぞれに僕にプチプチと刺激をくれますよ。やっぱりシナとオートンは「ああ、この人のこういうところはすごいな」っていうのがあります。シナに関しては「常に前のめり」って意味ではちょっと棚橋弘至感はありますよね（笑）。そして試合はテンポで作る、「まさにアメリカンスタイル」っていう感じですよね。

でも、やっぱ一番刺激をくれるのはランディ・オートンかな？ オートンはシナよりももっと深いところでレスリングを考えている気がしますね。より伝統的なレスリングをしようと心がけているというか。だから何で見せるかっていうのはオートンの場合は〝間〟ですね。要するに時間のコントロールです。

お客さんと繋がるために、たとえばポーズをするにしても、ゆっくりと焦らしてからポーズを決めて、そのあとにあえて何秒間か静止をしたりするんですよね。まあ、それを型にしてるという部分もあるんですけど、わざとゆっくりとした所作というか動きをして自分に注目をさせるというやり方だと思います。いくらチャンピオンになってお金を稼いでいようが、いまだにハウスショーとかでもハングリー精神、向上心みたいなものを垣間見せてくれますし、気難しそうなイメージもありますけど、実際はとてもフランクな男ですね。

あとは先ほども話したドルフ・ジグラーとか。ジグラーのうまさっていうのは日本のファンにも伝わってるとは思いますけどね。試合をやっていて楽しいですし。あとはルーク・ハーパーの運動神経はすごいです。アイツは家でニワトリ、犬、猫を飼ってるって言ってましたけど、まさに野生の俊敏性を持っていますよね。

ただ、本当にみんながみんな刺激をくれますよ。何度も言いますけど、「どうしてここにいるのか?」っていうものをみんな持っているわけですからね。

〝ロックスター〟と呼ばれて

スマックダウンにおけるデビュー戦の次の大きな山場としては、6月18日にミズーリ州セントルイスで開催された『マネー・イン・ザ・バンク2017』登場でしたね。

AJスタイルズ、サミ・ゼイン、バロン・コービン、ドルフ・ジグラー、ケビン・オーエンズ、そしてシンスケ・ナカムラの6人によるラダーマッチですね。

この『マネー・イン・ザ・バンク』は、リング中央の天井に吊るされているブリーフケースを奪い合うという試合形式で、最後はバロン・コービンが獲ったわけですけど、このラダーマッチの時点ではWWEはまだ僕をプッシュしている最中っていう頃ですよね。「彼は何がすごいの?」っていう部分をテレビ向けに作り上げて紹介しているところというか。この頃から、AJとかオーエンズが僕のことを〝ロックスター〟と呼ぶことになるんですけど、まあ、自分の口からはとても言えないニックネームですよ(笑)。どうやら、このロックスターって言葉はビンスが決めたという話もあるんですけどね。

それはビンスがけっこう細部にいたるまでアイディアを出していることの証左でもありますよね。その前の〝アーティスト・ノウン・アズ〟っていうのもビンスが決めたって話なんですけど。で、今度の〝ロックスター〟が今後定着するのかどうかっていうところでしょうね。

そういえば、日本のファン的に「おっ」となってくれたであろうトピックとしては、デビュー戦直後の5月23日にオハイオ州トレドで、AJとタッグを組んでジグラー&オーエンズ組とメインで闘ったこともありましたね。

ＡＪは僕との試合を本当に大切にしたいみたいで、「俺たちの対決は絶対に『レッスルマニア』でやりたいよね」なんて言ってくれていますよ。ＡＪとの試合だったら僕にも絶対的な自信があるし、彼のほうからも僕にものすごい信頼を置いてくれているっていうのをひしひしと感じていますから。

やっぱり僕にとってもＡＪはスペシャルな男ですよ。アイツもう40ですよ。それなのにあれだけ動けて、あそこまで我を通すことができるのはすごいですよ。田舎くさくて喋りが南部訛りなところも可愛らしさだし、レスラーからも愛される男ですよね。

『レッスルマニア』は目指すべきところ

ついでに『レッスルマニア』について言いますと、入団してからもう2回現場で観ているわけですけど、あれが地球上で一番のプロレスイベントであるのは間違いないわけじゃないですか。だからレスラーからするとあそこに出場することは誉れみたいなものですよ。

「AJとのタッグでドルフ・ジグラー＆ケビン・オーエンズと戦った試合」

ただ、イベントが巨大すぎてどうしても大味にならざるを得ない部分もあるのかなと思っていて、どうしたってイベント全体の時間が長くなるし、ただ、それを観て楽しめるだけの観客のエネルギーもすごいから、今後はそういう部分もいかに自分とフィットさせるか、それは試合内容にしろ、ストーリーの持っていき方にしろ、そこにはイレギュラーもたくさんあるわけですけど、考えてやらなきゃいけないんだろうなとは思いますね。

『レッスルマニア』はとにかくあのスケール感ですよね。自分もあのスケールに見合うだけのレスラー像を作っていかなければいけないなっていうのはあります。やっぱり、自分にとってもあそこは目指すべき場所だし、それが目的というところはありますし。『レッスルマニア』のメインイベントにたどり着けたら、楽しいだろうなぁ（笑）。

あそこが現時点でプロレスラーとして戦えるステージとしては一番高いところですから、そこは当然目指したいなと思いますね。だから「これは日本人初の快挙でどうのこうの」とか「防衛回数がいくらで」だとか、そういう記録的なものには僕は昔から関心がないので、その目標もぼんやりではあるんですけどね。

スマックダウンに上がって間もないですけど、今現在の中邑真輔はこんな状態ですね。

「AJとは普段あまりしゃべらないけど、とても信頼感のある男です」

#08

裏・中邑真輔

ビビリの中邑真輔

これまでの人生で一番つらかったこと？

つらかったこと……たぶんもう忘れちゃってるんじゃないですかね。思い出す作業をしないとパッと出てこないですけど、でもまあ、プロレスラーになるまでがけっこうつらかったかな。

たしかに新日本プロレスに入るまでの人生っていうのは大変でしたね。なんだろう、アマチュアレスリングを通して道が拓けたっていうのは間違いなくあるんですよ。レスリングの活動によって、京都の片田舎から外の世界が見られるようになって、それで青山学院大学に入るわけじゃないですか。そこでいろんな出会いがあってレスラーになれたわけですけど、レスラーになってからはプライベートではトラブったりとかやっちゃったりも多少はしてましたけど、レスラー人生としてはものすごく陽のあたるところでやってこられたから、「本当にありがたいかぎりです」っていう感じですね。

「似てるのか似てないのかわからない」

レスラーになってはじめて自分の人生が〝拓いた〟みたいな。自分の情熱を燃やせる場所に出会えたっていうのと、マッチングしたってところでしょうね。自分が好きという部分と、情熱を燃やせるという部分、それが仕事になったっていう部分では、このうえない喜びなわけですよね。

おそらく、ずっと憧れていたものやなりたかったものに自分がなれた時、マッチングすることができなかったとしたら、そんなつらいことはないと思うんですよ。そういう意味では、自分が当初思い描いていたものと違ったという部分はなかったはずですね。

だから、「つらかったこと」と問われたら、プロレス入りをする前ということになるでしょうけど、でも、プロレスというのはそういうものも含めたすべてが糧になりますから。「あの時はつらかった」なんて口に出して言いたくない自分もいるし、楽しかったこと、つらかったこと、悲しかったこと、そのすべてがプロレスの糧ですよ。

ただ、プロレス入りする前の自分というのは、本当に精神的にとんでもないビビリで、「レスリングの試合前にゲロ吐くってなんだよ?」っていう（笑）。まあ、いまだに達観しているように思わせておいて、ビビリな部分はちゃんと残していますけどね。ビビリって、気持ちのドキドキワクワクがすごいですからね。楽しいじゃないですか。

やっぱり、いまだに試合前には当たり前のように緊張もしますけど、その緊張にこそ用があるというか、たぶん緊張しなくなった時は死んじゃう時なんじゃないですかね。

一方で、一番楽しかったことは、やっぱりいろんな国を旅行したり、キャンプに行ったりすることでしょうね。「あ〜！　楽しい〜〜！」って思いますもん（笑）。そのうえ、その時にサーフボードを持っていて、ひとり朝早く海に行ってね、今までで最長のロングライドとかができたりとかすると、「どうしよ〜!?」っていうくらいの多幸感に包まれるんですよ。そんな時に朝焼けとともにイルカが泳いでたりするわけですよ。もう最高ですよね。

そういう意味では、今も超楽しいことが僕の人生には定期的に訪れていますよね。

「人生、嫌なことが起こるのも普通だよね」

僕は言葉というものにはけっこう気を遣っていて、やっぱり仕事においても日常においても言葉尻にはすごく気をつけていたりする部分があると思います。

人の好き嫌いはとくに激しいほうではないはずで、「人はみんな違うんだから」という感じで受け止めています。ただ、「プロフェッショナルとして」という部分では、要求が細かいところはあると思うので、イエスマンではないですね。やっぱり、仕事はナアナアではやりたくないわけですから。

本当の僕というものを自己分析するならば、「よく綱渡りでここまで来られたね」みたいな感じはあるんですよ。まあでも、えてして「楽観的に生きよう」と努めている自分というのがいます。もともとポジティブな人っていますけど、やはり僕の場合はそうではなかったと思うので。どんなことも、どうにかこうにかしてポジティブに考えようと努めている。それでたぶんうまくやってこれたんだと思いますね。

だって、物事をマイナス方向で考えようと思ったら、どこまでも落ちていきますからね。ネガティブに考えるっていうのは人間の得意技だと思うんですよ。まあ、みんな上手だから（笑）。だったら、そこはべつに鍛えなくてもいいじゃないですか。「ポジティブに考えることをがんばったほうがバランスが取れていいんじゃないの？」と思いますけどね。

マイナス方向で考えようと思ったら、人生なんて底なしですよ。なんでもネガティブにとらえてしまう人っていうのは、自分自身でそういう塊を作り上げてるんですよね。悪い想像の膨らまし方が上手いんですよ。本当は自分でなんとかするしかない、なんとかしてその外に出ないといけないはずなのに。他人とのコミュニケーションは大事だと思いますよ。自分のコミュニティ以外の人間と接すること、つまり外に出ること、新しい感覚を得ることが大事なんですから。

環境っていうのも大事で、ひとつの場所に立ち止まっているから要らないものがどんどん溜まってきちゃうんですよ。そこをどうにかこうにか前でも横でも歩いていれば景色が変わってくるじゃないですか。とにかく、じっとしちゃうと淀むというか、流れがなくなっちゃうわけだから。

僕の言う、〝これが普通だパワー〟さえ手に入れちゃえば、どんな変化が起きてもそれをどうにか楽しむことができる。「人生、嫌なことが起こるのも普通だよね」ってね。

お金とは

お金とは「なかなか貯まらないもの」です（笑）。

いまだにけっこうくだらないものに使っちゃうこともありますし、それでなくても息を吸って吐いてるだけでもお金はかかりますからね。いきなりクルマが壊れたりとかすると、「あれ〜？」なんて思いますね。でも、いつかは貯まると思っておけばいいのかな？

昔はね、本当にバカなお金の使い方をしていましたよ。総合格闘技の試合でいただいたギャラでいきなりポルシェを買ったりだとか。生まれてはじめて買ったクルマが新車のポルシェ911ですからね（笑）。しかも空冷から水冷に変わって丸目が復活した6代目の997で。

その頃は「見られてなんぼの商売」という心意気もあったんですけど、周りからのネガティブな声はすごかったですね。「あいつ、どれだけもらってんだよ」みたいな。

でも、ポルシェに乗ってみて「荷物が載らない」っていうわりとシンプルなことに気づ

「ココビーチにはじめて行った時」

きまして（笑）。荷物が載らない、人が載らないっていうのは、おもちゃとしては最高に面白いだろうけど、僕がクルマに求めているものではなかったんですね。

それで次に買ったのが、中古ですけどベンツのゲレンデヴァーゲンなんですよ。ポルシェに乗ってるときにみんなから「似合わねえ」って言われてましたからね。「身体とサイズが合ってないじゃん」って。「いや、なかなか広いよ、ポルシェ」とか思ってたんですけどね。

それでベンツにしたのはいいんですけど、電気系統が弱くて、さらに改造も好きにやっちゃったもんだからだいぶカネもすり減っちゃって。それでベンツももうやめだってことで、そのあとはエコに走ってホンダのフィット、三菱のデリカという変遷だったんですけど。

まず、フィットに乗りながらも「今度のデリカをどういうふうに改造してやろうかな」って2年くらい悩みまして、知り合いのクルマ屋に頼んで無理くり、「こういう改造がしたいんだけど」ってことで全塗装をしたりとかして、国産だろうがやっぱりお金がかかるっていう（笑）。

クルマ以外では、まあ、服も買いまくってましたね。新日本でイタリア遠征に行った時、「僕、行きたいところがあるのでひとりで残ります。自分で飛行機のチケットを買って帰りますから」って言って、イタリアの高級ブランド店を回りまくったりして。その時にもうひとり残った人がいたんですけど、ウルティモ・ドラゴンさんですよ（笑）。

あのプロレス界きっての伊達男と一緒にグッチとかを回ったんですけど、ウルティモさんはアルマーニが好きだからってことでアルマーニに連れて行ってもらって。あの人の買い物の仕方はすごかったな。服を買うじゃないですか、そうしたら「これ、ホテルに送っておいて」って店員に言うんですよ。「そんなことできるの!?」と思って（笑）。それで「夜ご飯を一緒に食べようか」って誘われてついて行ったら、「ここはＪＡＬのスチュワーデスに教えてもらってさ」って、すげえうまいイタリアンだったりとか。けっして高級っていうわけじゃないんですけどうまい、知る人ぞ知る「生きてる情報」を持っている人ですね。そこで飲んだサングリアがうまかったのは、いまだに憶えてます。

まあ、高級外車を乗り回し、洋服を爆買いしたりして、とにかく20代前半の頃はバカでしたね。飲み歩いては後輩におごりまくるし。きっと背伸びをしてたんでしょうね。背伸びせざるを得ない環境だったとも言えるんですけど、田舎者だったっていうのもあるでしょうし、世間知らずっていう部分では、それが怖いもの知らずに繋がって、助けてくれた部分でもありますけどね。

プライベートでも地に足がついたのは、中邑真輔がプロレスラーとして定まった時期と合致しているんでしょう。30ちょっと前くらい。でも、若い頃に散々バカをやったっていう部分では、今はちょっと落ち着き過ぎてねえかっていうのもあるかもしれないですけど。そういう遊んでる時期というのは、自分がどういう人生を送りたいかとか、人生の価値とかも何も考えてなかったんだろうなとは思います。

だから、僕は新日本時代、辞める時まで契約更改で一回もギャラ交渉をしたことはなかったですから。それは満足いこうがいくまいがです。だって、同じ米びつの中からもらっているわけだし、それで苦しい時期は社員さんがあまり給料をもらっていないのも知っていましたし、外国人選手にしてもそんなにいいギャラをもらっていないのも知っていたから、「俺がこれくらいもらえるんだったらいいんじゃないか」と思ってましたね。「こっから一緒にがんばっていく」っていう気持ちもありましたし。

あとはどんなに悪い時期でも、ちょっとずつでも上がってはいましたから。自分にとって契約更改というのは、最後に退団を告げた時以外は、形だけのものでしたね。

ウィークポイントの克服

持病と言えるのはヘルペスですね。紫外線に当たりすぎる、日焼けをしすぎるとすぐにヘルペスが出ちゃうんですよ。あとはストレスが原因という場合もあるし、身体を酷使しまくって免疫力が下がったときに発症したりしましたね。だから、いつも病院に行って薬をもらってました。

発症する前にだいたいわかるんですよ。「あ、なんか皮膚がピリピリしてきてるな」って。そのタイミングで飲めばすぐに治るんです。それで、アメリカに来てからもまたヘルペスが出ちゃって、日本から薬を送ってもらったりしましたけど、こっちの普通の薬局で「これ、効くよ」って言われた市販薬が超効いたりとかして。あとは「これを飲んでおけば出ないから」って勧められたサプリメントを飲んだりして、「あっ、これでもうヘルペスは解決」と思ってますけどね。

肉体的な部分では、右ヒザの半月板にはヒビが入っていますけど、手術はしなかったし、一回も身体にメスを入れたことがないんですよね。肩鎖関節の靭帯が切れたことで、肩甲骨がボコッと出てはいますけど。

それと円形脱毛症が出ることもありましたね。いわゆる10円ハゲです。

やっぱりビビりの中邑真輔としては、エグいストレスを感じた時に出ちゃうんですよ。ネガティブを外部にまき散らさないようにと、内に溜め込んじゃうあまりに頭に渦巻きができるっていう（笑）。そうなった時は「あー、潜在意識の深いところにはストレスがあるんだな」って思いますよね。もう治りましたけど、じつはアメリカに来てからも一回あったんです。

円形脱毛症ってね、原因となることが起きた半年後くらいに発症するって言われてるんですよ。だから、できたときに「半年前ってなんだっけ？」と考えたら「ああ、あれが原因かあ」みたいな（笑）。この先はもうできない自信がありますけどね。

だから、それらはもう克服した気になっていますから、自分のウイークポイントというのはとくに思いつかないですね。くすぐられるのに弱いとか、そういうのはありますけど。ただ、人見知り的な部分はあるかもしれないですね。あっ、それと声が小さい！（笑）なかなか大声が出ないっていうか、呼吸をしないでしゃべろうとするから発声が弱いんじゃないですかね。滑舌も悪いしね、常にモゴモゴしゃべっちゃうっていう。「イヤァオ！」って短い言葉を叫ぶのが精一杯です（笑）。

僕にとっての「こだわり」

結局、僕にとってはプロレスをすることがお仕事なわけだから、時間が許す限りこだわっていこうとは思っていますよね。

それは大きな意味でもそうですし、試合がはじまる直前まで、その状況の中で時間が許す限り、できる限りのものを提供しようと思う自分がいますね。

どんなに決められたことがあっても、どんなに制限があっても、必ず余白はある。誰にも制御することのできない空間や時間帯があるから、そこにどうやって全神経を集中するかに命をかけています。

あるいは、自分のプロレス観に基づいたものをいかに自然に見せることができるかどうか、物理的法則に見合うのかどうか。かつ、お客さんに何かを伝えることができるのかどうか。そういうところもものすごく考えていますね。

そこにはプロならではの手法というものがあってしかるべきですし、その手法も自分の経験から得たものです。

「こだわり」というのは、物事を複雑にすることを意味している言葉だとは思っていないんですよね。

自分が一番いいと思うバランスにたどり着こうとすることが、僕にとっての「こだわり」です。

それは自分がどの国にいようが、どんな環境にいようが、変わらない部分であり、譲れない部分でしょうね。

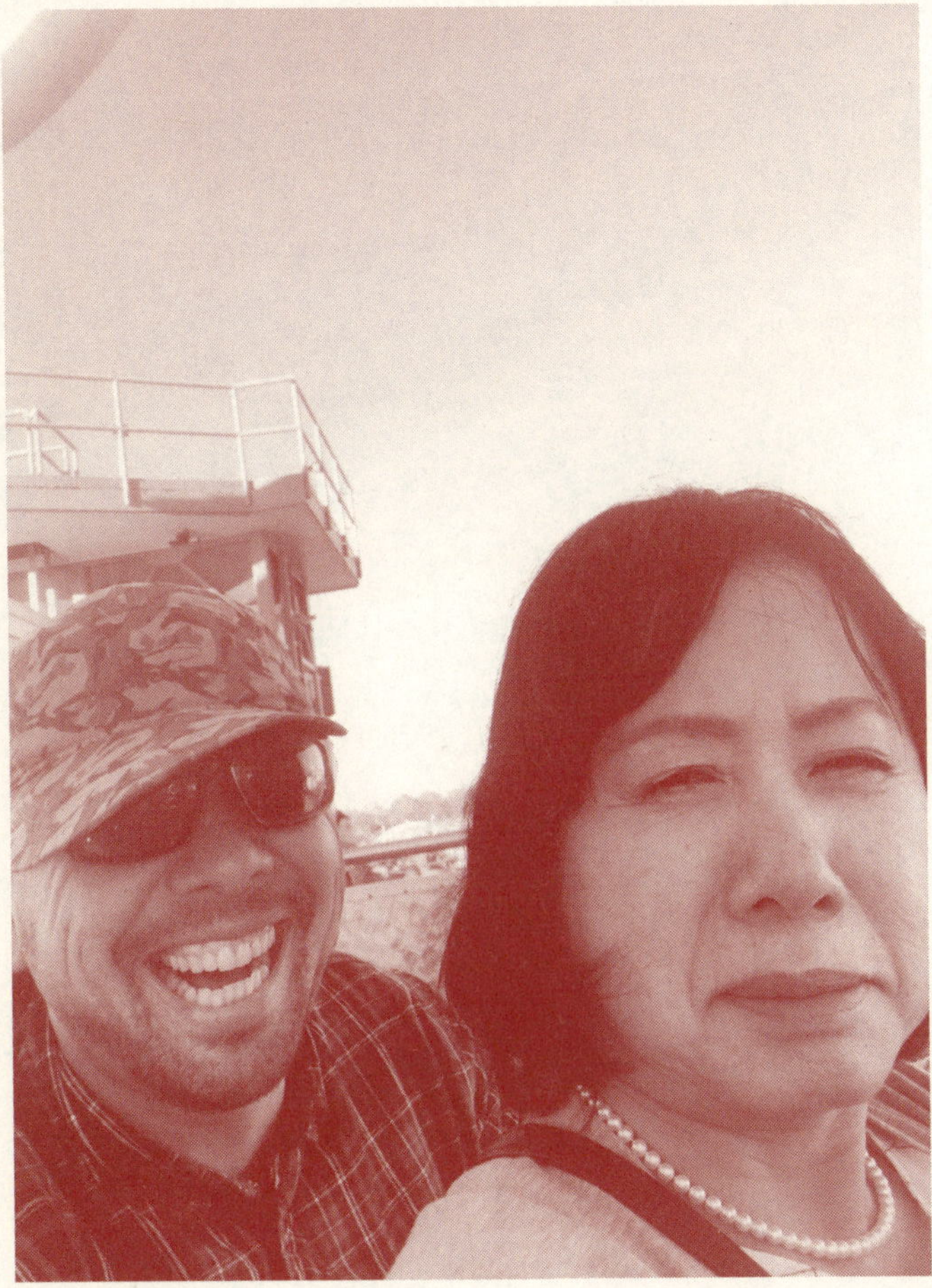

「お母さんとディズニー」

あとがき——2017年8月10日現在の中邑真輔

人間って1日、1日で考え方が変わっていくものだと思います。昨日よりも考え方が先に進んでいたり、細かい部分では元に戻っていたり、それどころかほんの数秒前まで思ってもいなかったことが、ふと降りてきたりとかもする。

この本もそうで、冒頭から書いてあることはすべて、その時、その瞬間に思っていたこと、感じていたことに過ぎないので、もしかしたら〝今〟の僕が思っていることとは違う部分もあるかもしれない。だから「記録」と言えるのかもしれません。

こんなことを思う僕は、8月10日現在の中邑真輔です。

ただひとつ、ずっと変わらずに思い続けていること。それは「イメージ」と「想い」というふたつのものが、ものすごく現実を引っ張ってきてくれているということ。

結局、想いが全てなんですよね。いいことも悪いことも、自分の考え方次第でいかようにでも引っ張ってくることができる。

欲しい車が決まると、その車を街でよく見かけるようになるような、あの感じ。

自分のやりたいことが決まると、とにかくそこに到達するまでの道のりをイメージする。

そして想い続ける。そうすると夢がどんどん近づいてくる。


僕はよく「ポジティブ」という言葉を使いますが、生まれつきポジティブな思考を備えている人はこんなことを言う必要はない。うらやましいですもん、そんな人（笑）。

ポジティブでありたいという想い、ポジティブに生きようとする想い。

僕は長年、そう思いながら生きてきましたから、ようやくそういう脳の筋肉がついてきたのかなと思います。そして、それが今の自分になっている。

たとえネガティブになってしまいそうな時にも、「いやいや、だからここはさ」なんて言ってね。

だから、自分自身に対する言い聞かせもそうだし、人に伝えたいメッセージも「ポジティブであろう」ということになるのかな。

みんながポジティブだと生活がしやすいっていうものありますし（笑）。自分に関わる人たちにはみんな幸せになってほしいなと思いますよね。

僕はおかしなクセがあって、ちょっとでも身の回りに悪いことが起きると、良い行いをしようとするクセがあるんですよ。たとえば道端にゴミが落ちていたら、それを拾って近くのゴミ箱に捨てたりだとか。もともとゴミは気づいたら拾って捨てるようにしているんですけどね。目についたゴミをそのままにして通り過ぎるという行為がめちゃくちゃ気持ち悪いんです。そして、のちのちまで「まだあそこにゴミは落ちたままなのかな」ってすごく気になる。だからどうにかして捨てるようにしているんです。

そして内心、「誰が捨てたか知らねーけど、貸し1な」みたいな。ちっちぇーなー（笑）。

NXTからスマックダウンに来て、その環境に慣れるまでは1か月くらい時間がかかりました。

新しい環境でのタイムスケジュールを身体になじませることと、自分を観客に認知させ